디지털
라이프
리부팅

〈디지털 세상에서 '업글인간'으로 살아가기〉

디지털 라이프 리부팅

유의정 이유나 조효선
김민정 권지현 김혜인
유수란 진문정 지음

Book Insight 북인사이트

Contents

프롤로그 09

1 Chapter 변화의 시대, 당신의 삶을 '리부팅'하라 · 13

01 우리 삶의 변화들을 '인식'하다 15
02 '우리'가 풀어 갈 과제들 21
03 '내'가 풀어 갈 과제들 29
04 우리 삶의 변화들을 '해결'하다 39

2 Chapter 소통 리부팅 · 45

01 우리는 왜 소통을 리부팅해야 하는가 47
02 ON택트 소통에 ON(溫)을 더하라 53
03 CON택트 소통을 컨펌하라 65
04 ON택트 소통 + CON택트 소통 = 人택트 소통 73

디지털 라이프 리부팅

3 Chapter   공감 리부팅 · 79

01 공감이 필요한 시대 81
02 공감을 주다 86
03 공감을 받다 97
04 더 나은 세상을 위한 공감 106

4 Chapter   관계 리부팅 · 111

01 관계가 어려운 사람들 113
02 디지털 세상, 관계를 Play하라 120
03 아날로그에 디지털을 Plus하라 131
04 비대면이 대면이 되는 세상, 관계에도 Prepare가 필요하다 142

Contents

5 Chapter **디지털 리터러시 리부팅** · 147

01 디지털 리터러시, 왜 주목해야 하는가 149
02 리터러시 시야를 넓혀라 154
03 함께 사는 디지털 세상 속으로 163
04 삶의 질을 높이다 173

6 Chapter **사색 리부팅** · 177

01 지금 우리는 검색 중 179
02 잠시 검색을 OFF 하라 185
03 이제 사색을 ON 하라 195
04 진짜 스마트한 내가 되는 법, 사색 207

디지털 라이프 리부팅

7 Chapter 감정 리부팅 · 211

01 내겐 너무 버거운 감정 213
02 내부에 일어나는 감정 219
03 외부로 향하는 감정 229
04 모든 감정은 소중하다 240

8 Chapter 온전한 나로 리부팅 · 245

01 온전한 나를 지키지 못하게 만드는 것 247
02 나를 제대로 찾아가기 252
03 나로 온전히 살아가기 259
04 결국 이 시대에서 나를 지키는 것은 나다움이다 267

에필로그 273
참고문헌 277
저자소개 282

프롤로그

프롤로그

　디지털 안에서 내가 모르는 사람과 만나 소통을 하고, 공감을 통해 관계를 맺는 일은 이제 일상이 되어 버렸다. 1980년대 개인의 집에 PC(Personal Computer)가 보급되면서 시작된 디지털 시대는 사람들에게 편리함과 효율성을 안겨 주며 삶에 많은 변화를 가져왔다. 그러나 이런 편리함과 효율성에 적응된 사람들은 쉽게 접하는 많은 정보 때문에 진짜와 가짜를 구분하지 못하게 되었으며, 스스로 생각하는 시간이 줄게 되었다. 그 때문에 나의 감정을 돌아보고, 나를 생각하기보다는 타인의 말과 행동에 더욱 영향을 받기도 한다.

　우리 연구회에서는 이런 디지털 시대에서 우리가 정말 잘 살고 있는 것인지 스스로 점검하고, 깊게 한번 돌아볼 필요가 분명히 있다고 생각하여 연구를 시작하게 됐다.

　리부팅(Rebooting)이라는 용어가 있다. 운영체제의 설정을 바꾸거나 하드웨어 운용을 위한 드라이버 설치 등으로 컴퓨터를 다시 재접속하거나, 컴퓨터의 작동 중 프로그램 실행에 문제가 있어 전원 버튼을 사용하여 강제로 전원을 다시 완전히 껐다 켜는 상황을 이야기한다. 어쩌면 우리의 디지털 삶 속에서 이제는 리부팅이 필요할지도 모르겠다. 디지털 삶의 일상 중에서 아직 잘 받아들여지지 않은 것이 있다면 새로 설치해 주어야 하고, 이 안에서 문제가 발생했다면 다시 한번 점검하고 새로 시작하는 것이 필요하다. 그래서 이 책에선「디지털 라이프 리부팅」이라는 주제에 맞게 디지털 시대에 우리가 꼭 지녀야 할 덕목은 무엇인지 말한다.

이 책은 디지털 시대를 살아가고 있는 우리 모두를 위한 가벼운 여행 책자라고 할 수 있다. 디지털이라는 시대를 여행하고 있는 우리들이 여행을 하다가 한 번쯤 길을 잃거나 어떤 것을 찾기 위해 가이드가 필요해지는 바로 그 순간에 잠시 꺼내 보는 여행 책자처럼 말이다. 아직 이 시대의 변화에 적응하기 어려운 세대라면 컴퓨터 드라이버를 설치하듯 무엇이 필요한지를 찾아 리부팅이 필요하고, 잘 적응하고 있는 세대라면 이러한 적응 속에서 혹시 놓치고 있는 것이 있지는 않은지, 문제가 발생했는데 모르는 것이 있는 것은 아닌지 리부팅이 필요하다. 디지털 시대를 살고 있는 모든 이들이 이 시대에서 내가 무엇을 해야 할지, 잘하고 있는지를 이 책으로 도움과 공감 그리고 위로를 받기 바란다.

「디지털 라이프 리부팅」은 전체적인 내용을 안내하는 지도의 역할을 하는 1챕터를 시작으로 2, 3, 4챕터는 소통, 공감, 관계라는 각각의 주제로 디지털 시대 '우리'에 대한 이야기를 다룬다. 그리고 디지털 리터러시, 사색, 감정, 온전한 나라는 주제로 디지털 시대에서 내가 무엇이 필요하고 무엇을 해야 하는지에 대한 이야기를 다룬 5, 6, 7, 8챕터로 이루어져 있다. 이 책은 1챕터를 먼저 읽기를 권장한다. 전체의 이야기를 아우르는 1챕터를 통해 지금 나에게 필요한 내용이 무엇인지를 확인하자. 그리고 순서에 상관없이 내가 먼저 읽고자 하는 챕터부터 읽어 가다 보면, 여행 책자에서 내가 알지 못했던 보물 같은 장소들과 맛집들을 발견하듯 디지털 시대에서 내가 미처 생각하지 못했던 또 다른 무언가를 발견할 수 있을 것이다.

자 이제, 준비되었다면 디지털 시대, 내 삶을 리부팅하기 위한 여행을 함께 시작해 보자.

Chapter 1

변화의 시대, 당신의 삶을 '리부팅'하라!

우리가 평화롭게 4차 산업혁명이라는 새 시대의 물결을 즐기던 그때, 느닷없이 불청객이 들이닥쳤다. 새로운 바이러스의 출현은 우리를 큰 혼란에 빠트렸다. 이전과는 많이 달라진 세상, 익숙하지 않은 세상에서 잘 살고 싶다면 달라져야만 한다. 변화한 세상 속 나를 일깨우기 위한 리부팅 솔루션, 지금 우리에게 필요한 것은 무엇인가?

01
우리 삶의 변화들을 '인식'하다

디지털 시대, 일상 자체가 변화인 시대,
우리에게 찾아온 새 시대를 정확히 인식하자.

변화에 순응하는 우리

우리는 스마트폰을 이용해 길을 찾고, 식당 예약을 하고, SNS로 지구 반대편 세상과 실시간으로 소통한다. 이제 더 이상 이런 일들이 낯설지 않다. 4차 산업혁명의 거대한 물결 덕분에 '미래세상'은 이미 우리의 일상에 스며들었다. 그런데 갑작스럽게 세상이 크게 한 번 들썩였다. 코로나19가 찾아온 것이다. 아니 들이닥쳤다는 표현이 걸맞을 것이다. 반갑지 않은 손님이 초대장도 없이 집 문을 부수고 들어온 격이었다. 예상하지 못한 바이러스의 출현에 전 세계는 당황했고 그렇게 혼란 속에서 시간이 빠르게 지나갔다. 처음에는 그래도 곧 지나갈 것이라고 모두가 긍정적으로 생각했다. 하지만 우리의 바람은 보기 좋게 빗나갔다. 이전과는 확연히 다른 새로운 바이러스의 등장에 시간이 지날수록 우리의 마음속에는

'과연 이 혼란이 잡히기는 할까?'라는 의구심이 싹텄다.

우리의 의지와 무관하게 세상은 변하고 시간은 흐른다. 그동안 시대의 변화는 우리가 충분히 따라잡을 수 있도록 적당한 보폭을 유지했었다. 하지만 바이러스가 변화에 가속페달을 달아 버렸다. 그리고 미래라고 여겨졌던 미지의 세계로 우리를 떠밀었다. 다행히 인간의 적응력은 생각보다 빨랐다. 생활 전반에 걸쳐 큰 변화가 생겼지만 우리는 그럭저럭 적응해 살아가고 있다. 잠시 눈을 감고 2020년으로 돌아가 보자. 그때 우리의 모습은 어땠는가? 일상에서는 집에서 할 수 있는 놀이들이 인기를 끌었다. 한때 선풍적인 인기를 끌었던 달고나 커피 만들기가 적당한 예시이다. 또한 곳곳에서 손 소독제를 쉽게 찾아볼 수 있게 되었다. 이제는 가방 속에도 손 소독제가 당연하게 자리를 차지하고 있다. 실시간 소통이 가능한 플랫폼들도 늘어났다. 초반에는 이런 플랫폼을 처음 접해서 접속하는 데 애를 먹는 사람들도 많았다. 마이크를 켜고 끄는 것조차 익숙하지 않아 회의나 강의 중에 다양한 해프닝들이 발생하기도 했다. 하지만 지금은 어떤가? 제법 익숙해지지 않았는가? 보다시피 우리는 생각보다 빠르게 잘 적응했다. 지금부터 그 새로운 세상을 '세 가지'로 크게 나누어 상기해 보자.

우리에게 찾아온 새로운 세상

첫 번째는 마스크의 일상화다. 우리는 반쪽 얼굴에 익숙해졌다. 아플 때나 미세먼지가 심한 날에 사용했던 마스크는 어느덧 생활필수품이 되어 버렸다. 팬데믹 초기에는 집을 나섰다가 뭔가 허전한 느낌에 화들짝

놀라 집으로 돌아가던 일이 잦았다. 하지만 이제는 오히려 마스크가 없으면 허전하다. 마스크를 써 보니 의외의 장점도 있다며 계속해서 마스크를 쓰겠다는 사람들도 생겨났다.[1] 일상적인 마스크 착용으로 인해 눈빛으로 소통하는 것에도 제법 익숙해졌다.

두 번째는 비대면의 일상화다. 바이러스가 일상에 제동을 걸면서 모든 분야들이 일제히 비대면 서비스 홍보에 박차를 가했다. 이커머스를 이용하는 사람들이 폭발적으로 늘었고, 음식을 시켜 먹는 비율도 늘었다. 비대면 배송 원칙이 생겨나면서 배달원을 마주하는 일은 현저히 줄었다. 학교에 가지 못하는 학생들은 비대면 실시간 수업이나 온라인 플랫폼을 활용한 수업을 받았다. 직장인들은 재택근무에 돌입했다. 역사상 전례 없는 비접촉 사회를 경험하게 된 것이다.

세 번째는 디지털 과의존 현상이다. IT기술은 갑작스러운 바이러스의 출현에도 인류가 빠르게 대안을 찾을 수 있도록 도왔다. 그 때문에 비대면, 비접촉이라는 새로운 세상이 열렸다. 다시 말해 IT기술 없이는 비대면, 비접촉이 존재할 수 없었다. 물론 이전에도 사람들의 디지털 의존도는 높은 편이었다. 하지만 일상이 '비대면'이라는 키워드로 돌아가다 보니 그야말로 하루 종일 디지털과 함께하지 않을 수 없게 되었다. 매장에 들어가기 위해서 사용하는 QR코드, 편의점에서 사용하는 간편 결제 시스템, 눈이 심심할 때 찾게 되는 동영상 플랫폼 등 우리가 하루 동안 사용하는 디지털 기능들은 아주 많다. 이제 우리는 아침부터 잠들 때까지 스마트폰 없이는 버티기 힘들게 되었다.

이런 세상이 마냥 나쁘다고 볼 수는 없다. 우리 삶에 긍정적인 영향이 없지는 않기 때문이다. 하지만 너무 빠른 변화는 부작용을 낳았고, 그 부작용이 낳은 문제가 사회 곳곳에 모습을 드러냈다. 이 부작용들은 사회적 차원과 개인적 차원으로 나누어 정리할 수 있다.

새로운 세상이 가져온 사회 문제들

올해로 67세가 된 A씨. 스마트폰을 가지고 있지만 문자 메시지나 온라인 메신저를 가끔 이용하고 전화를 사용할 뿐 다른 기능들은 잘 사용하지 않는다. 최근 고향에 있는 친구에게 오랜만에 연락이 왔다. 딸이 유튜브를 한다며 구독해 달라는 부탁이었다. 그리고 인터넷 주소를 보내 왔다. URL을 눌러 보니 불쑥 영상이 재생된다. 친구가 말한 구독이 무언지 몰라 이것저것 만져 보는데 갑자기 로그인 창이 튀어 올랐다. 갑자기 답답함이 밀려오는 A씨. 그는 그대로 스마트폰 화면을 껐다.

위와 같은 일은 우리 주변에서 흔히 찾아볼 수 있다. 너무 빠르게 디지털 사회로 전환되면서 사회 곳곳에는 편리함과 불편함이 아슬아슬하게 공존하고 있다. 디지털의 발전과 함께 성장해 온 30대와 40대, 태어나면서부터 기계를 만지며 자라 온 10대와 20대에게 비대면은 그다지 큰 장벽이 아니다. 오히려 집에서 통장을 만들고, 강의를 듣고, 물건을 주문하는 것이 더 편하다고 느낀다. 하지만 장년층, 노년층, 장애인, 농어민 등 디지털 취약계층에게는 디지털 사회로의 빠른 전환이 아주 불편하다.

한국정보화진흥원이 과학기술정보통신부와 함께 조사한 '2020 디지털 정보격차 실태조사'를 보면 디지털 취약계층의 현 상황이 잘 드러난다. 노인, 장애인, 농어민 등의 디지털 정보화 수준은 종합 지표만 살펴보았을 때는 2019년에 비해 상승했다. 당연한 결과다. 우리나라의 스마트폰 보급률은 세계적으로 매우 높다. 당연히 디지털 접근성도 높다. 따라서 매년 종합지표가 상승곡선을 그리는 것은 당연한 일이다. 하지만 디지털 기기 '활용능력' 측면에서는 코로나19 이전과 비교했을 때 변화가 별로 없다. 여기서 '활용능력'이란 인터넷을 통한 정보 검색을 비롯하여 이메일, 미디어콘텐츠, 교육콘텐츠, 메신저, 블로그 등 다양한 측면에서의 디지털 활용능력을 말한다. 조사 결과에 따르면 고령층의 인터넷 이용률은 76.5%로 꽤 높은 편이다. 하지만 이는 50대부터 70대 이상까지를 조사한 것으로 70대 이상부터는 이용률이 42.4%로 급감한다. 또한 단순한 정보 검색과 뉴스 검색 비율은 50대와 60대가 모두 80% 이상이지만 미디어콘텐츠 이용률은 45%가 채 되지 않고, 금융거래 서비스 이용률은 60대 34.9%, 70대 11.6%로 일반 국민 기준인 60.8%에 비해 매우 크게 차이 난다. 따라서 디지털 취약계층에게 현재의 변화 속도는 아주 빠르다고 느껴질 것이다[2].

새로운 세상이 가져온 개인의 문제들

비대면 사회는 감정의 격차를 만들었다. 디지털 소외계층에게 비대면 사회라는 구름은 소외감이라는 짙은 그림자를 드리웠다. 디지털 소외계층은 키오스크나 인터넷 뱅킹 같은 편의 도구를 사용하는 것에도 어려움을 느낀다. 그렇다 보니 '나는 스마트하지 않은가?'라고 자책하며 겁을 먹는다. 결국 디지털에서 스스로를 소외시키는 악순환을 만들고 만다. 그런데 디지털 소외감은 특정 계층만의 문제가 아니다. 20대, 30대도 새로운 디지털 키오스크를 만날 때면 순간 당황하는 경우들이 있고, 뒤처지지 않기 위해 다양한 정보를 접하고 공유한다. 40대, 50대는 끊임없이 등장하는 신문물에 적응하는 것 자체에 부담감을 느끼기도 한다. 60대 이후부터는 자녀들이나 손자들에게 물어보고 싶은 것이 샘솟는다. 분명 배웠는데 기억이 나지 않으면 왠지 민망하고 부끄러워 속상한 마음이 들기도 한다.

새로운 세상은 불안감을 낳았다. 취업 시장은 얼어붙었고 실직자는 늘었다. 나에게도 여파가 다가올까 불안하다. 불안을 해소하기 위해 여행도 하면서 바람을 쐬고 싶지만, 삶에 여유가 없다 보니 이마저도 쉽지 않다. 그런데 더 큰 문제는 억울함이라는 분노다. SNS를 보면 저마다 잘 사는 모습만 보여 준다. '나만 이렇게 힘든가?'라는 생각에 억울함이 들다 이내 분노가 싹튼다. 그리고 분노의 방향은 어느새 가상의 누군가에게 맞춰진다. 누구나 쉽게 다가갈 수 있는 '디지털 세상'은 온갖 분노들이 모여 뒹구는 분노의 장이 되어 버렸다.

이러한 문제들은 해결할 수 없는 것일까? 물론 문제를 해결할 방법들이 있다. 하지만 우리 모두의 노력이 반드시 필요하다. 과연 우리가 기울여야 하는 노력은 무엇일까? 우리가 함께 풀어야 할 과제를 소통, 공감, 관계라는 3가지 키워드로 정리해 보았다.

02
'우리'가 풀어 갈 과제들

새로운 변화에 적응하기 위해
'우리'가 함께 노력해야 하는 세 가지

'소통' - 온라인 소통, 주류가 되다

　새로운 세상에서 우리가 함께 풀어야 할 첫 번째 과제는 소통이다. 온라인 소통은 과거에도 분명 존재했다. 여기서 말하고자 하는 과거는 공룡이 살던 그런 머나먼 시절을 말하는 것이 아니다. 우리 삶이 크게 요동치기 직전을 이야기한다. 이 시기를 우리는 BC(Before COVID19)라고 표현할 수 있다. BC 때도 이미 4차 산업혁명 시대였고 우리의 삶은 디지털화되어 있었다. 2020년도 기준으로 스마트폰 보급률은 거의 90%에 달했다. 회사에서도 일상에서도 실시간 소통은 늘 우리와 함께했다. 그렇기에 우리는 이전에도 실시간 소통에 꽤 익숙했다. 하지만 사용하는 플랫폼이 다소 한정적이었다. 매일 사용하던 것만 사용해도 일상에 별 무리가 없었다. 즉 모두에게 실시간 소통이 반드시 필요했던 것은 아니었다.

그런데 팬데믹 이후 직접 사람을 만날 기회가 현저히 줄었다. 그렇다고 언제까지고 사람과 단절하고 살 수는 없는 노릇이라 소통 창구를 찾아야 했다. 그리하여 다양한 실시간 소통 플랫폼들이 세상의 빛을 보기 시작했다. 학교를 비롯해 회사와 일상에도 실시간 온라인 소통이 필요해졌다. 자연스럽게 '랜선'이라는 키워드도 일상에 자리 잡았다. 회의, 교육, 모임, 회식 등 이전에는 오프라인에서 행해졌던 일들이 이제 '랜선'에서도 가능해졌다. 우리에게 찾아온 거대한 변화 때문에 기성세대에게도 온라인이 꽤 가까운 존재가 된 것이다.

연령이 낮을수록 온라인과의 사이는 더욱 친밀하다. 태어나면서부터 디지털을 맛본 Z세대에게는 비대면으로의 전환이 그리 큰 타격은 아니었다. 그들에게는 이미 이전부터 온라인과 오프라인이 비슷한 존재였기 때문이다. 그들은 이전에도 인스타그램이나 페이스북 메신저를 통해 실시간으로 소통하는 것이 기본이었다. Z세대에게 카카오톡은 이미 기성세대들을 위한 소통 창구일 뿐이다. 알던 사람들과 소통하기에 더 쉬운 카카오톡이 Z세대에게는 답답하고 신선하지 않게 느껴지기 때문이다. 이들은 일면식이 없는 사람들과 연락을 주고받는 것에 큰 거부감이 없다. 그들은 온라인에서 새로운 사람과 친구가 되기도 하고 오프라인에서 만남을 이어가기도 한다.

온in오프 세상, 이제 통합적 소통이 필요하다!

올해 열일곱 살이 된 B씨는 모 가수를 아주 좋아한다. 그는 '덕질'(자신이 좋아하는 것을 파고드는 행위)을 전용으로 하는 인스타 계정이 있다. 평소처럼 인스타를 구경하던 중 3분 전에 올라온 최애 가수의 피드를 통해 곧 콘서트가 열린다는 소식을 알게 됐다. 그는 이 따끈따끈한 소식을 인스타를 통해 알게 된 '덕질 메이트'에게 신속하게 전했다.

이 사례는 최근 온라인을 통한 소통이 얼마나 자연스럽게 이루어지고 있는지를 간접적으로 알 수 있게 해 준다. 이를 통해 이미 우리의 일상에 온라인 지분이 상당하다는 것 또한 알 수 있다. 이렇게 '오프라인 안에 온라인이 들어온' 현상을 '온in오프'라고 표현할 수 있다. 우리는 지금 '온in오프' 세상 속에서 살고 있다.

변화는 이미 발생했다. 아주 특수한 경우가 아니라면 과거로 다시 회귀하지는 않을 것이다. 즉 이제 더는 온라인 속의 세상과 오프라인 세상을 완벽히 나눠서 생각할 순 없다. 우리에겐 이 둘을 통합해서 보는 능력이 필요해진 것이다. 그렇다면 어떻게 해야 통합적으로 소통을 할 수 있을까? 이 책의 2챕터에서 그 답을 찾아보길 바란다.

'공감' – 만인의 소통창구가 된 온라인 세상

자유로운 왕래가 어려운 상황을 겪으며 답답함을 느끼는 사람들이 늘어났다. 이 답답함은 점차 커져 우울감으로 진화했다. 건강보험심사평가원의 의료통계정보를 참고한 결과, 방역 고삐가 가장 꽉 조여진 2020년 한 해 동안 우울증으로 병원 진료를 받은 환자가 402만 1,791명에 달했다. 이는 2019년과 비교했을 때 6.7%나 증가한 수치이다[3]. 보건복지부의 자료에서는 조금 더 구체적으로 '자살을 생각해 봤다'는 답변이 12.4%로 나왔다. 이는 2019년과 비교하면 2.5배 상승한 수치이다. 여러 자료에서 수치로 나타나듯이 심리적 고립에 고통받는 사람들은 매우 늘었다. 신종 바이러스를 피하려다 도리어 마음의 병을 얻게 된 경우가 많아졌다고 풀이할 수 있겠다[4].

누군가와의 소통과 교류를 위한 대안으로는 자연스럽게 '온라인'이 부각되었다. 2021년, 한국인터넷진흥원은 전국의 남녀 700명을 대상으로 설문을 진행했다. 이 설문에서 '코로나19 이후 인터넷 이용 시간과 빈도가 증가했다'라고 답한 응답자는 전체의 63.1%였다. 또한 '인터넷을 이용한 게임, 드라마, 영화 감상 등 엔터테인먼트 소비 시간이 증가했다'는 비율도 55.9%로 거의 60%에 달했다[5].

'공감'을 찾아 헤매는 사람들

서른 살 D씨는 최근 자격증 공부를 시작하기로 마음먹었다. 그러나 평소 끈기가 없어 무언가 지속해 나가는 것에 어려움을 느끼는 D씨는 혼자서 공부하려니 막막함을 느꼈다. 잠시 고민하던 D씨는 꼭 한 번에 합격하겠다는 마음을 가지고 스마트폰을 들었다. 그리곤 동네 커뮤니티에 공부하는 것을 인증하고 서로 고민을 나눌 '스터디 메이트'를 구한다는 글을 올렸다.

온라인 속에 머무는 시간이 길어지면서 자연스럽게 온라인에 의견을 표현하고 교류하는 시간도 늘었다. 이제 온라인과 오프라인 세상은 크게 다르지 않다. 온라인 커뮤니티를 통해 서로의 의견을 나누고 정보를 공유하며 또 하나의 일상을 꾸려 나가는 사람이 많아진 것이다. 과거 온라인 만남이 활성화되기 전, 온라인에서 친구를 사귀면 사교성이 없다며 이상하게 생각했던 것과는 상반된다. 요즘은 위의 사례처럼 함께 공부할 사람을 구하거나 술친구를 구하는 등 온라인에서 친구를 찾는 경우를 꽤 많이 볼 수 있다. 온라인 교류가 활발하게 오고 가는 것을 알 수 있는 대목이다. 온라인에 머무는 시간이 길어지고 커뮤니티가 활성화되는 것은 상호 간의 '공감'을 통해 심리적 고립감 해소에 긍정적으로 작용할 수 있다. 이런 측면에서 보면 온라인에서 '공감'을 바탕으로 하는 일련의 활동들이 꽤 긍정적인 역할을 하는 것으로 보인다. 하지만 문제는 이러한 활동이 좁은 시야를 가지게 할 수 있다는 점에 있다.

기술의 발달로 우리는 클릭 몇 번으로 취향에 맞는 상품과 서비스를 추천받을 수 있다. 유튜브의 알고리즘이 그 예시이다. 알고리즘은 아주 편리한 기능이다. 하지만 내가 좋아하고 관심 있는 것만 추천해 주니 접하는 정보에 한계가 생길 수 있다. 애써 검색해 보지 않으면 새로운 것을 접할 기회가 줄어든다는 점은 큰 단점이다.

온라인 커뮤니티도 마찬가지다. 소속감을 통한 마음의 안정과 심리적 공감을 위해 커뮤니티를 이용하는 사람이 많다. 따라서 자신의 의견이나 취향 등 결이 비슷한 커뮤니티에 소속되어 활동하게 된다. 이는 편향적인 정보를 취득하기 쉽고 편협한 사고방식을 가지게 될 수도 있다는 점에서 우려되는 부분이다.

당신도 '공감 갈증'을 느끼고 있나요?

온라인에서의 의견 교환이 활발해지면서 그에 따른 의견 충돌도 빈번하게 일어난다. 나와 의견이 다른 커뮤니티의 글을 가져와서 조리돌림을 하기도 하고, 서로를 비난하며 팀을 나눠 싸우기도 한다. 오프라인에서 의견이 다른 사람을 만났다면 의견을 조율하거나 타협점을 찾는 시도를 먼저 했을 것이다. 그러나 온라인에서는 어차피 모르는 사람이고 볼일 없는 사람이라는 생각 때문인지 작은 불씨만으로도 논쟁이 벌어지는 경우가 잦다.

이러한 일들이 일어나는 이유는 무엇일까? 바로 '공감 갈증' 탓이다. 소통하고 공감하기 위해서는 상대방의 입장에서 생각해야 한다. 이를 위해서는 넓은 시야가 필요하다. 그런데 시대가 변화하면서 네모난 화면에 갇혀 편협한 사고를 하게 된 사람들이 늘었다. 이는 곧 공감 능력의 저하로 이어지게 되고, 결국 공감이 부족한 사회를 만들었다. 지금 현대인들은 너도나도 '공감'을 필요로 하며 '갈증'을 느끼고 있다.

함께 살아가야 하는 세상에서 '공감'이 얼마나 중요한지는 늘어나는 온라인 커뮤니티만 봐도 충분히 설명된다. 오프라인과 온라인, 더욱 확장된 우리의 삶에서 '공감 갈증'을 해소하기 위한 방법, 궁금하지 않은가? 그렇다면 3챕터에서 조언을 구해 보자.

'관계' - 벗어날 수 없는 연락의 굴레

50대 주부 E씨는 스마트폰을 보는 것이 두려울 지경이다. 중학교 동창이

모여 있는 단체 채팅방 알람이 너무 자주 울리고 동네 주민들이 있는 모임도 알람이 끊이지 않기 때문이다. 알람을 전부 꺼 두자니 필요한 연락도 놓치게 될까 걱정이 되고 또 아예 보지 않기에는 뒤처지는 것 같아 불안하다. E씨는 사람들을 만날 때보다 지금이 더 피곤하다고 느낀다.

위 사례처럼 쉴 새 없이 울리는 SNS 알람 때문에 피로감을 느껴 본 적 있을 것이다. 언택트 사회가 가속화되면서 실시간 소통 도구들은 더 늘어났다. 기존에 사용하던 것 외에 또 다른 소통 창구들을 열어 두면서 확인해야 할 것들이 늘었다. 그렇다 보니 연락 자체에 피로감을 느끼는 사람도 많아졌다.

답장을 안 하자니 상대가 기분 나빠 할까 걱정되고, 하나하나 빠르게 확인하자니 내 할일을 제대로 하지 못한다. 이러지도 못하고 저러지도 못하는 불편한 상황이 쌓이면서 점차 관계 자체에 스트레스가 쌓이게 된다. 이 문제로 생각보다 많은 사람이 스트레스를 받고 고민하고 있다. 온라인 커뮤니티 등에 검색을 해 보면 이를 방증하듯이 읽씹(메시지를 읽고 무시하는 행위)과 안 읽씹(메시지를 읽지 않고 무시하는 행위) 중에 무엇이 더 나은지, 혹은 기분 나쁜지 등을 토론하는 글을 볼 수 있다. 댓글을 읽어 보면 양측 의견은 꽤 팽팽하게 대립한다. 사람마다 읽씹을 더 기분 나빠 할 수도, 아닐 수도 있다는 것을 알 수 있다. 결국 어느 한 사람의 무시로 끝나게 되는 연락의 굴레는 실시간 소통의 암(暗)적인 부분이 아닐까.

관계유지는 늘 어려운 과제였다.

　빠르게 소통할 수 있는 세상에 살면서 이전과 변한 것이 있다면 연락의 빈도로 친밀도가 측정된다는 것이다. 자주 연락하는 사람은 친한 사람, 연락이 뜸한 사람은 안 친한 사람. 이렇게 '연락의 빈도'가 친밀도를 나타내는 중요한 척도가 되었다. 예전에는 아주 오랜만에 동창회에서 친구를 만나도 반갑게 인사하고 몇 시간 동안 이야기꽃을 피울 수 있었다. 지금은 모든 반 친구들이 만나는 '동창회'라는 개념이 많이 상실되기도 했지만, 자주 만나지 않았던 사람과 굳이 왜 만나서 내 에너지를 쏟아야 하는지 이해하지 못하는 분위기다. 이는 온라인상에서 새로운 친구를 사귀고 의견을 자유롭게 공유하는 것과는 또 상대되는 모습이다. 어쨌거나 띄엄띄엄 연락하고 오랜만에 만나는 것이 어색한 세상이 되면서 인간관계를 만들고 유지하는 데 혼란을 느끼는 사람들이 생겼다.

　디지털 시대가 도래하면서 우리는 분명 더 빠르게 연락을 주고받을 수 있게 되었다. 손쉽게 상대의 근황도 알 수 있게 되었다. 그런데 어쩐지 심리적으로는 묘하게 멀어진 것 같은 느낌이 들 때가 있다. 분명 상대가 올린 글을 통해 상대의 근황을 속속들이 알고 있음에도 막상 연락하려고 하면 망설여진다. 왜일까? 이렇게 모순 가득한 온in오프 세상에서 사람과 관계를 맺고 유지하고자 한다면, 우리는 준비해야만 한다. 그 방법은 4챕터에서 살펴보자.

　지금까지는 우리 모두가 함께 고민하고 해결해야 할 과제인 소통, 공감, 관계에 대해 알아봤다. 그럼 지금부터는 디지털 리터러시, 사색, 감정, 온전한 나라는 키워드를 통해 스스로 풀어 가야 할 과제들을 알아보자.

03
'내'가 풀어 갈 과제들

모두를 위해 개개인이 정비할 요소는 무엇일까?
당신이 당장 깨워야 하는 네 가지

'디지털 리터러시' - 정보 홍수의 시대가 열렸다

온라인 속은 정보가 흐르다 못해 범람한 지 오래다. 자료도 넘쳐나고 검색할 수 있는 루트도 다양하다. 몇십 년 전, 인터넷 검색엔진이 등장하기 전에는 모르는 것이 있으면 직접 사전을 찾고, 신문을 뒤지며 정보를 구했다. 그런데 지금은 맛집 검색, 얼룩 제거 방법, 헤어스타일 추천 등 일상 정보를 얻을 때도 동영상 사이트나 SNS를 이용한다. 온라인에서 정보를 구하는 것이 익숙하다 못해 당연해진 시대이기 때문이다.

현재 온라인의 문턱은 많이 낮아졌다. 어린이부터 노인까지 누구나 자유롭게 인터넷에 글을 쓸 수 있고, 의견을 남길 수 있으며 지식을 공유할 수 있다. 초등학생 유튜버도 어렵지 않게 찾을 수 있고, 중년, 노년 유튜버까지 온라인을 통해 소통하고 정보를 나눈다. 이 부분은 언뜻 보면 장점으로 보인다. 하지만 누구나 접근할 수 있다는 사실이 때로는 양날의 검이 되기도 한다. '누구나 말할 수 있다.' 그러므로 온라인에는 진짜와 거짓 정보가 혼재한다. 누가 거짓을 말했는지 쉽게 알기 어려운 것이 온라인 속 정보의 큰 함정이다. 정보를 판단하는 능력이 없는 상태에서는 이러한 정보가 진짜인지 가짜인지 알아차리기 힘들다. 따라서 가짜정보에 잠식당하는 사람들이 늘어나는 것 또한 예견된 수순이다.

가짜뉴스와의 싸움이 일어난 나라는 비단 우리나라뿐만이 아니다. 가짜뉴스는 이미 사회적인 문제를 넘어섰다. 가짜뉴스가 수정되어 진짜뉴스가 되더라도 수많은 새뉴스들에 가려지기 일쑤다. 그렇게 오늘도 가짜뉴스는 스마트폰 안에서 호시탐탐 당신을 노리고 있다.

정보 편식쟁이, Good-surfer를 꿈꾸다.

4차 산업혁명이 가속화됨에 따라 빅데이터 산업은 나날이 성장 중이다. 과학기술정보통신부의 2020 데이터산업 현황조사 결과에 따르면 2020년 국내 빅데이터 사업 시장규모는 12,133억 원으로 2019년 대비 35.4% 성장했다[6]. 이미 빅데이터 기술은 일상 깊숙이 들어왔다. 금융, 의류, 음악 등 다양한 곳에서 활용 중이다. 빅데이터를 기반으로 하는 서비스 중에 '알고리즘'이라는 것이 있다. 이 서비스는 나의 취향을 분석해서 내가 좋아할 법한 것을 추천해 준다.

나의 관심사에 맞는 것을 쉽고 빠르게 접한다는 점은 큰 장점이다. 하지만 이런 세상에 익숙해진다면 시야가 좁아지는 부작용이 생길 수 있다. 모든 것이 내 관심사대로 돌아간다고 착각할 수 있기 때문이다. 현대사회는 빅데이터의 편리함에 취해 정보를 가리는 '정보 편식쟁이들'이 늘어나고 있다. 정보 편식을 즐기는 사람들은 새로운 정보를 받아들이는 것에 어려움이 있다. 그래서 손쉽게 '가짜'정보의 타깃이 된다. 가짜정보는 순식간에 불어나는 특징을 가졌지만, 좀처럼 '진짜'정보로 진화할 생각을 하지 않기 때문이다. 몸집을 불린 가짜정보는 온라인 속에서 마치 자신이 진짜인 양 행세를 하곤 한다.

가짜정보와의 싸움은 문명이 뒤로 퇴보하지 않는 한 앞으로 우리 모두가 해결해야 하는 과제일 것이다. 그렇다면 진짜와 가짜를 구분하기 위해 우린 어떠한 능력을 길러야 할까? 바로 디지털 문해력이라 불리는 '디지털 리터러시' 능력이다. 앞으로는 글을 읽고 이해하는 '문해력'뿐만 아니라 '디지털 문해력'도 필요하다. 디지털 문해력은 누군가에게만 필요한 선택사항이 절대 아니다. 디지털 세상에서 살아가야 하는 우리에게 디지털 문해력은 필수적이다. 정보의 홍수 속에서 허우적거리지 않으려면, 우리는 모두 능력 있는 Surfer(서퍼)가 되어야 한다. 당신은 거대한 정보의 바다를 서핑할 준비가 되었는가?

'사색' - 로봇과 사람의 줄다리기, 승자는?

어릴 때 상상화 그리기를 해 본 적 있는가? 십몇 년 전, 그림에 자주 등장하던 하늘을 나는 자동차, 집안일을 도와주는 로봇은 더 이상 미래의 일이 아니게 됐다. 하늘을 나는 자동차 기술은 개발이 되었고 로봇은 스스로 청소한다. 이미 우리는 음성으로 기계를 작동시키고, 기계와 이야기를 나누기도 한다. AI라고 불리는 인공지능은 기계들도 마치 생각을 하는 것처럼 보이게끔 만들었다. 물론 기계가 인간처럼 고차원적인 생각을 하지는 못한다. 하지만 인공지능 기술이 포함된 기계는 인간과 어느 정도 대화가 가능하다. 정확히는 대화하는 것처럼 보이게 프로그래밍이 된 것이지만 말이다. 어쨌거나 기계와의 대화가 제법 빠르고 자연스러워진 것이 사실이다.

기술은 앞으로 발전하면 발전했지 퇴보하지는 않을 것이다. 따라서 TV, 에어컨, 냉장고, 스피커 등 우리 주변의 수많은 기계들은 AI기술을 통해 앞으로 인간과 더 많은 대화를 나누게 될 것이라 예상할 수 있다. 그렇다면 기계가 이토록 빠르게 변하는 동안 인간은 어떻게 변했을까? 우리는 내비게이션 없이는 길을 찾지 못하는 사람을 주변에서 어렵지 않게 볼 수 있다. 스마트폰의 길 찾기 기능이 매우 정확하고 편리한 것은 사실이다. 하지만 분명 스마트폰이 없던 시절에는 내비게이션 없이도 잘 다녔다. 그런데 이제는 최소시간, 최소 환승 루트를 찾으며 스마트폰에 지나치게 의존하고 있다. 30대 이상인 독자라면 잠시 눈을 감고 어릴 때로 돌아가 보자. 스마트폰 없이 어떻게 길을 찾고 기억했는지 떠오르는가?

인류의 적응력은 여타 동물들에 비해 참 빠르다. 하지만 이를 장점으로만 볼 순 없다. 인류는 편리함을 이용하는 것이 아니라 편리함에 취해 버렸다. 이젠 편리함에 너무 취해 버려서 과거로 다시 돌아가기는 힘들 정도다. 그러는 사이 우리는 인간의 고유 영역이라 불리던 능력들을 로봇에게 내어 줄 위기에 처하고 말았다.

'사람다움'을 지키고 싶은가?

　이제 AI는 인류의 자리를 하나둘 넘보고 있다. 사실 이미 꽤 많은 자리를 AI에게 빼앗겼다. 최근에는 식당에 가면 어렵지 않게 디지털 키오스크를 볼 수 있다. 또 최근 곳곳에서 눈에 띄는 '버튜버'를 보면 신기하면서도 어쩐지 조금 무섭기도 하다. '버튜버'는 Virtual Youtuber의 줄임말로 가상의 캐릭터를 내세워 유튜브 활동을 하는 사람을 뜻하는 말이다. 세상 어디에도 존재하지 않지만, 온라인상에는 존재하는 이러한 가상의 인물이 이제는 광고도 찍고 개인 SNS도 운영한다. 실제 인간보다 돈을 잘 버는 가상 인간이 나타난 것이다. 노인을 돌보는 인공지능 로봇, 반려 로봇 시장도 해마다 성장하고 있다. 2020년 서울시 마포구에서는 서울시 최초로 어르신을 위한 반려 로봇을 보급했다. 약 먹는 시간도 챙겨 주고, 말벗도 해 주며 위급상황 시 119에 신고해 주는 등 사람이 해야 하는 일을 로봇이 대신한다.

　기존에는 인간이 해 왔던 일을 이미 기계가 많은 부분 대체하고 있다. 물론 로봇이 인간의 모든 것을 빼앗고 인간 위에 군림하느냐 하면, 그것은 아니다. 하지만 공존을 염두에 두고 준비하지 않으면 많은 부분을 로봇에게 내어 주게 될 것이다. 그러면 인류의 자리를 대체하는 기술과 슬기롭게 공존하기 위해 우리는 무엇을 해야 할까? 우리는 로봇과는 다른 뭔가를 해야만 한다. 편리함에 취해 잠시 잊고 있던 인간만의 감각을 깨우자. 당신은 '사색'을 통해 깊은 곳에 잠든 감각을 깨울 수 있게 될 것이다.

'감정' - 검게 물든 감정, 모두를 공격하다

'코로나 블루'는 코로나19 초기에 많이 들었던 단어다. 코로나19로 인한 우울감을 뜻하는 용어다. 이후 더 강한 우울감을 뜻하는 용어로 레드와 블랙이 등장했다. 우울을 지나 분노와 절망감을 느끼는 것을 뜻하는 말로 변한 것이다. 이러한 우울, 분노, 절망, 혐오 등 부정적 감정들을 여기서는 하나로 묶어 '검은 감정'이라 칭하려고 한다. 검은 감정은 차곡차곡 쌓여 이내 터지고 만다. 오프라인에서도 검은 감정들을 쉽게 마주할 수 있었지만, 검은 감정을 마구 표출하기에 온라인은 최적의 장소였다. 그렇게 대(大)혐오 시대가 열리고야 말았다. 사실 혐오 감정은 이전에도 존재했다. 하지만 우리의 일상을 뒤집어 놓은 작은 바이러스로 인해 사람들이 극도로 예민해진 틈을 타 검은 감정들은 몸집을 불렸다.

검은 감정들은 뉴스, SNS, 동영상 플랫폼 등 장소를 가리지 않고 출몰했다. 국가인권위원회에서는 2021년 '온라인 혐오 표현 인식조사'를 실시했다. 자료에서는 온라인에서 혐오 표현을 경험했다는 비율이 62%였다. 그러나 오프라인에서 혐오 표현을 경험했다는 비율도 53.2%로 적지 않았다. 사실상 우리는 온오프라인 모두에서 혐오를 마주하고 산다는 것이다. 오프라인에서 혐오의 대상은 노인, 특정 지역, 여성 순으로 높았고, 온라인에서는 여성, 특정 지역, 페미니스트 순으로 높았다. 이외에도 장애인, 성 소수자, 남성 혐오 표현도 온라인에서는 70%가 넘었다[7]. 사실상 우리 모두가 얼굴 없는 누군가에게 무차별 폭격을 당하고 있는 셈이다.

이전에 온라인에서 이런 댓글을 본 적 있다. '역지사지를 모르느냐. 당한 것 그대로 해줬을 뿐인데 뭐가 문제냐'는 댓글이었다. 언뜻 보면 맞는 말인 것 같지만 정확히 말하면 틀렸다. 역지사지는 상대방의 입장이 되어 '생각'하라는 것이지 그대로 갚아 주라는 뜻은 아니기 때문이다. 꼭 그대로 갚아 주고 행동하는 것이 정의실현일까? 이는 우리 모두 생각해 봐야 할 대목이다.

나의 검은 감정, 이제 안팎으로 살피자.
눈덩이처럼 불어나 일상을 잠식하고 있는 검은 감정을 해소하기 위해 우리는 무엇을 해야 할까. 제도적으로 해결해야 하는 일들이 분명히 존재한다. 하지만 제도가 생기기 위해서는 개인이 움직이며 사회에 변화의 메시지를 던지는 것이 중요하다. 그렇다면 개인은 어떻게 움직여야 할까.

개인이 할 수 있는 일 중 중요한 것은 자제력을 기르며 내 감정을 정확히 바라보는 것이다. 물론 내 마음을 들여다보는 것이 쉬운 일은 아니다. '나도 나를 모르겠다'라는 말이 왜 존재하겠는가. 하지만 그만큼 어려운 일이기에 더 지체할 수 없다. 온라인 플랫폼들을 접하는 연령이 낮아지면서 이미 수많은 혐오 표현들이 아이들에게까지 영향을 미치고 있다. 우리는 지금이라도 내 감정을 정확히 바라보고 컨트롤하기 위해 노력해야 한다. 오늘부터 당장 살펴보자. 당신의 감정에 검은 빛이 보이지는 않는가.

'온전한 나' – 남을 바라보기가 더 쉬운 세상

개인 SNS가 보편화되었다. 그만큼 SNS에 익숙한 사람은 아주 많다. 한 모바일 빅데이터 플랫폼 기업의 조사에 따르면 Z세대는 1인당 4.92개의 SNS채널을 사용하고 있다[8]. 남녀 평균값이므로 더 많은 SNS를 사용하는 사람도 있을 것이다.

SNS는 물리적으로 멀리 떨어져 있어도 소통할 수 있고 친밀감을 유지할 수 있다는 점에서 매우 긍정적이다. 바이러스와의 공존이 예고된 시대에 친구들이 어떻게 지내고 있는지 손가락만 몇 번 움직이면 속속들이 알 수 있기 때문이다. 정보를 알 수 있는 대상은 비단 내 친구뿐만이 아니다. 친구의 친구, 더 나아가 소식이 끊겼던 10년 전 동창의 소식도 몇 번의 터치면 알아낼 수 있다. 발달한 정보로 인해 나보다 남의 정보를 더 쉽게, 더 많이 접할 수 있는 시대가 된 것이다. 그러나 그만큼 '나'의 이야기를 듣는 시간은 현저히 줄어들고 있다.

나보다 나를 더 잘 아는 내 스마트폰

길에서 스마트폰과 혼연일체가 된 사람들을 어렵지 않게 볼 수 있다. 출퇴근길에 주변을 둘러보면 SNS를 들추며 구경하는 사람이 많다. 그중에는 자세히 뭔가를 들여다보는 사람도 있지만 심심해서 의미 없는 손짓을 보이는 사람도 있다. 하지만 사람에게는 의미 없는 손짓일지라도 AI에게 의미 없는 손짓이란 없다. SNS를 하다 보면 귀신같이 나의 취향을 파악한 AI가 '너 이것도 좋아하지 않아?' 하며 말을 걸어온다. 그리곤 순간을 기다렸다는 듯이 신나게 광고를 한다. 가끔은 나보다 스마트폰이 나를 더 잘 아는 것 같다는 생각이 들기도 한다. 스마트폰 너머로 나를 지켜보는 거대한 눈이 존재하는 것 같기도 하다.

생각보다 사람들은 자신에 대해 잘 모른다. 내가 무엇을 할 때 진정으로 즐겁고, 무엇을 싫어하며 무엇을 하고 싶어 하는지 모른다. 나이가 들수록 더 모르겠다는 사람도 있다. 그래서일까 서점에 가면 마음을 관리하고, 나와 대화하는 법에 관한 내용을 담은 책을 많이 볼 수 있다. 자신을 알아 가는 과정을 담은 에세이가 인기를 얻고, 내 마음을 읽는 방법을 알려 주는 책이 베스트셀러에 오른다. '나'를 아는 것은 인류에게 주어진 가장 큰 과제가 아닐까.

당신에게 주어진 마지막 과제
이번 소주제에서 다룬 이야기들을 종합해 보자. 소주제 3에서는 총 네 가지, '나'에게 주어진 과제들에 대해 이야기했다.

첫 번째 과제는 '디지털 리터러시' 능력의 함양이다. 우리는 정보의 바닷속에서 파도를 잘 타는 Good-surfer가 되어야만 한다. 진짜 파도만을 골라 타는 능력이 있어야 가짜 파도에 휩쓸리지 않고 바로 설 수 있다. 두 번째 과제는 '사색'이다. 일상으로 AI기술이 침투했다. 인간으로서의 위치를 상실하지 않기 위해 우리는 모두 로봇보다 더 깊게 '사색'하는 인간이 되어야 한다. 세 번째 과제는 '감정'을 바라보기이다. 분노와 혐오로 검게 얼룩지는 세상 속에서 개인은 자신의 감정을 객관적으로 바라보아야 한다. 모두가 한 팀이 되어 검은 감정을 무찌르는 그 날까지 내 감정을 바로 아는 연습은 꾸준히 필요할 것이다. 그리고 마지막 네 번째 능력이 바로 '온전한 나'를 아는 것이다. 과도한 정보에 휩쓸려 제대로 생각하지 않고 내 마음을 읽지 않으면 온전한 내가 될 수 없다. '온전한 나'를 찾는 것이야말로 미래 사회의 인류가 갖추어야 할 중요한 과제인 것이다.

04
우리 삶의 변화들을 '해결'하다

바이러스와의 공존, 이미 피할 수 없는 현실이 되었다.
새 흐름에 적응하려면 우리에게는 무엇이 필요한가?

이전의 삶은 돌아오지 않는다

2015년 IT기업 마이크로소프트의 창업자 빌 게이츠가 미국의 토크쇼인 테드(TED)에서 이런 말을 했다. "전염병 확산은 전시상황이다. 우리가 경계해야 할 건 미사일이 아니라 미생물이다." 몇 년 후 눈에 보이지 않는 바이러스가 세상을 잠식해 나가자 그의 발언은 '예언'처럼 사람들 입에 오르내렸다. 빌 게이츠는 바이러스의 위험성을 몇 년간 꾸준히 제창해왔다. 앞으로 우리들의 삶을 위협할 가장 큰 복병은 '바이러스'라는 것이다. 그리고 지금, 우리는 실제로 그의 말이 사실임을 체감하고 있다.

대다수의 사람들은 이 상황이 이렇게 오래 지속될 것이라고 예상하지 못했다. 우리는 '설마 여름까지 가겠어?', '설마 내년까지 가겠어?', '올해는 좀 나아지지 않을까?'라며 희망의 끈을 좀처럼 놓지 못했다. 하지만 바이러스는 보란 듯이 빠르게 진화를 거듭했다. 인간의 대처는 줄곧 조금씩 늦을 뿐이었다. 우리는 이제 인정해야 한다. 바이러스는 올해에도 내년에도 우리 곁에 머물 수 있다는 사실을 말이다.

바이러스와의 공존은 시작되었다

새로운 바이러스가 세계를 공습하는 동안 환경도 큰 영향을 받았다. 환경오염에 대한 경고 역시 꽤 오랜 시간 계속되어 왔지만 우리는 애써 모른 척해 왔다. 하지만 이제 더 이상 모른 척할 수 없게 되었다. 환경의 변화 때문에 삶을 위협받는 지경에 이르렀기 때문이다. 녹지 않는다는 뜻을 가진 시베리아의 '영구동토층'과 늘 눈에 파묻혀 있던 에베레스트의 '만년설'은 녹기 시작한 지 오래되었다. 눈이 녹고 얼음이 녹는 게 뭐가 큰일이냐고 할 수 있다. 하지만 이러한 변화는 단순히 눈이 녹아 물이 되는 것 그 이상의 의미를 지닌다.

만년설 속에는 우리가 모르는 고대 바이러스들이 잠들어 있다. 2015년 미중 공동연구진은 티베트 고원의 빙하를 채취하여 연구했다. 이 과정에서 연구진은 33가지 바이러스의 유전정보를 확인할 수 있었다. 그중 무려 28개가 새로운 바이러스였다. 바이러스는 꽁꽁 언 상태로 10만 년을 생존한다. 그리고 얼음이 녹으면 다시 깨어나 활동한다[9]. 접해 본 적 없는 바이러스가 우리에게 어떤 영향을 줄지 그 누구도 정확히 예상하지 못할 것이다. 물론 당장 내일 바이러스들이 깨어나지는 않을 수 있다. 하지만 지금처럼 환경오염이 가속화된다면, 조만간 이름 모르는 바이러스와 다시 마주하게 될지도 모른다. 이제 우리는 코로나19와 함께하는 삶에 적응할 뿐만 아니라 다가올 새로운 바이러스들과의 공존 역시 준비해야만 한다.

변화는 일상이 된다

21세기 가장 큰 변화는 아마도 스마트폰의 등장이 아닐까 싶다. 2G폰을 사용하던 시절에는 이런 변화가 있으리라고 감히 상상도 하지 못했다. 공상과학 영화에서나 등장하는 소재라고 생각했는데, 지금은 스마트폰 없는 삶이 걱정될 정도로 친숙하다. 이처럼 변화는 불시에 일어나고, 현실이 되며 일상이 된다.

우리는 일상에서 언제 닥칠지 모르는 위험에 대비하기 위해 보험에 가입한다. 이는 최소한의 삶의 균형을 유지하려는 작은 노력이라고 볼 수 있다. 변화는 위험과 아주 친하다. 변화가 일어나면 예상치 못한 위험도 따라오게 마련이다. 스마트폰이 없던 세상에서는 스마트폰 해킹을 걱정조차 하지 않았던 것을 생각하면 변화가 위험과 얼마나 친한지 알 수 있다. 썩 유쾌하지는 않지만 잠시 상상력을 발휘해 보자.

'코로나19가 프롤로그라면?'

변화의 서막이 코로나19였던 거라면 어떨까? 본격적인 전개가 시작되지도 않은 것이라면 우리는 어떻게 해야 하는 걸까? 물론 생각조차 하고 싶지 않을 만큼 끔찍하다. 그러나 바이러스한테 된통 당해 보니 전혀 일어나지 않을 일이라는 보장도 없어서 더 오싹하다. 어쩌면 멀지 않은 미래에 우리는 더 크고 거대한 변화를 맞이할지도 모른다. 다시 변화를 마주할 준비가 되었는가? 다가올 변화가 두렵다면, 당신은 변화를 견디기 위한 보험에 가입해야 한다.

당신은 표류할 것인가, 합류할 것인가?

당연히 실제로 어떤 보험에 돈을 내고 가입하라는 이야기는 아니다. 그럼 변화를 견디기 위한 보험이란 무엇일까? 그것은 바로 '변화'다. 이게 무슨 말장난인가 싶겠지만 사실이다. 변화를 견디려면 '변화'가 필요하다. 단, 전자가 필연적이라면 후자는 선택적이다. 그 누구도 '변화'를 강제할 수 없다는 점에서 두 변화는 분명한 차이가 있다. 바이러스는 자신들을 죽이려는 시도에 굴하지 않기 위해 끊임없이 진화한다. 인간도 마찬가지다. 변화로 인해 도태될 것인지, 살아남을 것인지는 스스로 얼마나 빠르게 진화하느냐에 달렸다. 당신의 삶을 180도 바꾸라는 말이 아니다. 단지 업데이트가 필요한 시점이라는 이야기다. 다만 당신이 지금까지 한 번도 업데이트를 한 적 없다면 이번 업데이트는 시간이 꽤 걸릴지도 모른다.

당신이 현재 작은 섬에 살고 있다고 가정하자. 어느 날 '변화'라는 이름의 태풍이 불어와 섬을 덮쳤다. 당신은 가장 오래된 나무를 붙잡고 가까스로 살아남았다. 하지만 강력한 태풍 탓에 나무는 많이 약해진 상태다. 그런데 두 번째 태풍이 온다고 한다. 당신은 아직 대비하지 못했다. 다음

태풍에는 나무가 부서져 바다에 표류하게 될 수도 있다. 이제 당신에게는 두 가지 선택지가 남았다. '손 놓고 있을 것인가, 대비할 것인가.'

혹시 아직도 변화를 망설이고 있는 독자가 있는가? 있다면 곰곰이 생각해 주길 바란다. 망망대해 속에서 맨손으로 표류하고 싶지 않다면, 서둘러 '변화'에 합류해야 한다. 당신은 삶을 새롭게 업데이트할 준비가 되었는가? 거친 변화의 파도에 대비하기로 마음먹은 당신을 위해, 지금부터 7가지 일상 리부팅 솔루션을 전한다.

2
Chapter

소통 리부팅

인류에게 소통은 공기와 같다. 다양한 사람과 관계를 맺고 어우러져 살아가는 우리에게, 소통의 중요성은 아무리 강조해도 지나치지 않다. 다양한 소통 채널을 이용하고 있는 지금 이 시대에 소통이 어려운 적이 있었는가? 그렇다면 당신은 지금 당장 소통법을 리부팅해야 한다. 소통 리부팅을 위한 다양한 요소, 현시대에 필요한 매너 있는 소통 습관을 함께 살펴보자.

01
우리는 왜 소통을 리부팅해야 하는가

달라진 세상,
소통의 리부팅이 필요한 지금

바이러스 시대, 코로나19 이후 달라진 우리의 소통

지난 2년여간 코로나19로 인한 세상의 변화는 우리의 소통 방식에도 큰 변화를 가져왔다. 함께 사용할 수 있는 물리적 공간이 제한되면서 대면 소통보다는 비대면 소통의 비중이 높아졌고, 대면 위주의 교육, 업무, 사적인 만남도 온라인 플랫폼으로 대거 이동했다. 이런 환경의 변화는 우리가 외롭고 힘들 때 가족이나 친구를 직접 만나 친밀감을 느끼고, 심리적인 위로를 받는 전통적인 대면 소통의 기회를 감소시켰다. 이처럼 우리는 이전에 경험해 보지 못한 소통 환경에 놓여 있고, 다양한 온택트(Untact+ON) 소통 채널들을 이용하게 되었다.

이전의 사회는 소통의 채널을 선택할 수 있는 권한이 개인에게 있었다.

디지털, 비대면 소통 채널이 어색하고 싫다면 대면 소통 채널을 이용하면 됐다. 하지만 지금은 선택의 폭이 좁아졌다. 내 의사와는 무관하게 비대면 소통을 선택해야만 하는 순간들이 이전보다 많아졌기 때문이다. 갑작스러운 팬데믹 상황에서 준비가 미흡한 상태로 온택트 소통을 만난 탓일까? 온택트 소통이 가지고 있는 편리함 그 이면의 문제점을 우리는 자주 접한다. 밀도 있는 감정전달의 한계, 디지털 취약계층의 소통 양극화, 온택트 소통 윤리의 부재 등이 그에 해당한다.

코로나19 상황이 종식되어도 우리의 일상은 그 이전으로 완벽히 돌아가지는 못할 것이라는 의견이 지배적이다. 변해 버린 일상이 새로운 '표준'이 되었다. 경제, 사회, 교육, 문화 전 분야에 걸쳐 새로운 표준이 적용된 '뉴노멀'(New Normal)의 시대가 열린 것이다[1]. 사람들이 직접 대면하지 않고 소통하는 온택트 소통의 확대가 소통의 새로운 표준이 된다면 심리적인 유대감을 단단히 조여줄 수 있는 건강한 온택트, 건강한 비대면 소통을 만들어 나가는 것이 우리에게 과제로 남을 것이다.

ON택트 소통, 익숙한 듯 낯선 듯

프리랜서 A씨는 전 직장동료들과의 만남을 위해 여러 차례 오프라인 만남을 시도했지만, 사회적 거리 두기 단계로 인해 연기와 취소를 반복했다. 그래서 A씨는 화상회의 프로그램을 통해 온택트 모임으로 지인들과의 시간을 보냈다.

직접 만날 때처럼 약속도 정하고 시간도 정한 뒤 일상을 이야기하고 서로의 감정도 공유하며 만남을 가졌다. 처음엔 이런 온택트 모임이 다소 낯설고 어색했지만, 이 역시 우리 생활의 한 패턴으로 빠르게 자리 잡혔다. 최근에는 A씨와 같이 화상회의 프로그램, 영상통화를 통해 랜선 모임과 회식을 하는 일들이 많아졌다. 마주 앉아 얼굴을 보고 이야기하는 것을 기본적인 소통방식으로 썼던 우리는 코로나19로 인해 생긴 오프라인 소통의 공백을 온라인 소통으로 메워 보려고 부단히 애를 썼던 것 같다.

사람들과의 접촉을 피하는 '언택트'를 강요받고 있지만, 다행히도 기술적인 도움으로 영상통화, 화상회의, SNS의 기능을 활용해서 안부를 묻고 소통할 수 있다.

그러나 아직 온라인에서 접촉하는 온택트 소통이 온전히 내 것 같지 않은 당신이라면 준비와 연습이 필요하다. 준비와 연습의 과정을 거친다면 온택트 소통이 가지고 있는 한계, 그로 인해 생기는 부작용들을 최소화할 수 있다. 준비 없이 만나는 온택트 소통은 서로에게 오해와 실망을 남길 수 있다.

마스크와 함께하는 CON택트 소통

얼마 전 직장인 B씨는 새로운 차를 샀다.
긴 기다림 끝에 출고된 새 차는 B씨를 설레게 했다. 그러던 어느 날 직장동료 C가 물었다.

C 과장: "차 바꾸니까 어때?"
B 대리: "주체가 좀 어려워요!"
C 과장: "아~ 그 정도야?!"
B 대리: "근데 뭐 몇 번 연습해 보면 금방 익숙해지겠죠!?"
C 과장: "응!!???? 뭘 연습해?"
B 대리: "주!! 차!! 요~"

큰소리로 웃으며 동료 C는 이렇게 말한다.

C 과장: "아~~주차. 나는 주차를 주체로 들었어. 그래서 새 차를 산 게 너무 좋아서 주체가 안 된다는 줄 알았어!"

둘은 서로의 얼굴을 보며 한바탕 크게 웃었다.

콘택트 소통, 즉 대면 소통에서는 언어적 요소와 비언어적 요소가 상황에 따라 적절한 비율을 이루며 전달될 때 가장 효과적인 소통이 이루어진다. 그러나 마스크가 얼굴의 절반 이상을 가리게 되면 정확한 발음 전달도 어렵고 표정이라는 비언어적 요소를 표현할 수도 읽을 수도 없다. 표정을 숨기고 감정을 숨기고 싶은 이들에게 마스크는 방패가 되어 줄지도 모른다. 하지만 원활한 소통의 측면에서 보면 마스크는 소통의 장애물이 분명하다. 그러나 콘택트 소통의 기본적 요소들을 재정비하고 강화한다면 마스크 정도의 장애물은 어렵지 않게 뛰어넘을 수 있지 않을까?

하이브리드 시대, 소통도 하이브리드로...

국내 한 생명보험사는 2021년 10월 보험업계 최초로 고객과 컨설턴트의 상담을 비대면으로 진행할 수 있는 '화상상담 서비스'를 오픈했다. '화상상담 서비스'는 고객과 컨설턴트 간 오프라인 대면 부담을 없애면서도 고객의 보장설계에 필요한 상담을 제공하기 위해 개발됐다. 이런 비대면 화상상담 서비스의 가장 큰 장점은 상담자료가 띄워진 화면에 메모를 할 수 있고 음성 대화 및 채팅으로 쌍방향 소통이 가능하다는 것이다. 해당 회사 관계자는 "사회적으로 비대면 소통이 중요해지면서 언제 어디서나 간편하게 보험 상담을 받을 수 있도록 시스템을 구축해 가고 있다. 앞으로도 고객의 편의성을 높일 수 있는 디지털 서비스를 지속적으로 확대해 나갈 예정"이라고 말했다.[2] 이처럼 온택트 소통은 시/공간의 제약이 크게 없고 비용과 시간도 대폭 감소시켜 준다. 그뿐만 아니라 IT 강국답게 탄탄하게 뒷받침되는 기술력 덕분에 정확한 의사전달, 정보교류에도 문제가 없다.

취업 플랫폼 잡코리아의 조사에 따르면 남녀 직장인 1,200명을 대상으로 '코로나19 이후 사내 커뮤니케이션 현황'에 대해 설문조사를 진행한 결과 응답자 중 41.4%가 '더 어려워졌다'고 답했다. 사내 소통이 더 어려워졌다고 생각하는 이유(복수 응답) 중 온택트 소통과 관련한 내용을 살펴보면 다음과 같다.[3]

- 비대면 소통에서 오는 의사전달의 한계와 오해 때문 (57.9%)
- 쌍방향 소통이 아닌 일방적인 소통 (41.4%)

온택트 소통은 정서와 감정을 고스란히 전달하기에는 한계가 있고, 자 칫하면 한 방향 소통이 되기 일쑤다. 그렇기 때문에 우리는 직접 만나 얼굴을 마주하는 소통의 방법도 소홀히 해서는 안 된다. 대면 소통 시 우리는 상대의 표정과 몸짓을 따라 하고 목소리와 말투 어조 역시 비슷한 음역대를 유지한다. 이렇게 서로에게 동기화될 때 우리는 서로에 대한 이해도와 친밀감이 높아진다. 깊이 있는 소통을 할 수 있다는 의미이기도 하다. '기술력으로 무장한 온택트 소통이 콘택트 소통의 모든 부분을 대체할 수는 없다'는 것을 기억해야 한다. 셰리 터클(Sherry Turkle) 교수는 본인의 저서 「대화의 회복」(Reclaiming Conversation)에서 피상적인 연결을 대화로 착각하지 말라고 했다. 초연결 시대에 살고 있는 우리는 항상 연결되어 있으나 감정적인 교류와 참된 소통은 부재할 수 있다. 또 어려서부터 디지털 매체로 소통을 해 온 세대는 대화와 공감 능력을 키울 기회가 부족하다고 우려했다[4].

'하이브리드'(Hybrid)의 사전적 의미를 살펴보면 '서로 다른 성질을 가진 두 개 이상의 요소가 뒤섞인 것'이란 뜻을 가지고 있다. 온/오프라인이 공존하는 소통환경, 다양한 소통 채널에 둘러싸여 있는 현재의 상황과 유사하다. 우리는 어느 한 형태의 소통만을 고집할 수 없고, 특정 채널만 이용해 소통할 수도 없다. 상황에 맞는 유연한 소통, '하이브리드 소통' 능력이 필요한 지금이다.

02

ON택트 소통에
ON(溫)을 더하라

당신의 ON택트 소통을 위한 기본매너 & 에티켓.
랜선을 타고 오가는 ON택트 소통에 따뜻한 온기를 담아 보자.

'ON택트'는 계속된다…!?

한국전자통신연구원(ETRI)은 2020년 1월에 발간한 '코로나 이후 글로벌 트렌드' 보고서를 통해 코로나19가 종식된 이후에도 현재 사회를 지배하고 있는 언택트 기조가 지속될 것으로 예측했다[5]. 이를 뒷받침 하는 또 다른 자료를 참고해 보면, 전 세계 근로자 3명 중 2명은 코로나19 대유행이 끝난 후에도 일정 수준의 재택근무를 원한다는 조사 결과가 있었다. 세계 29개국 근로자 12,500명을 대상으로 실시한 설문 결과에 따르면 응답자의 64%는 팬데믹 제한조치가 해제된 후에도 사무실 출근에 대해 유연성이 부여돼야 한다고 답했다. 특히 응답자의 30%는 고용주가 전면적인 사무실 근무만을 바란다면 이직도 고려할 것이라고 밝혔다[6].

우리는 그간 비대면 사회에 제법 익숙해졌고, 온택트의 편리함도 경험했다. 물론 팬데믹이 끝나면 우리의 생활 모습은 오프라인을 기반으로 하던 예전의 모습을 되찾을 것이다. 하지만 온택트 환경이 그 자리를 쉽게 내어 주지는 않을 것 같다. 즉, 오프라인과 온택트 환경은 필요에 따라 적절한 비율로 공존하게 될 것이다. 소통의 방법도 마찬가지다. 온/오프라인 소통의 공존상황에 적응하기 위해 우리는 소통능력 리부팅이 필요하다. 온택트 소통 기술이 빠르게 발전하는 만큼 해당 채널을 이용하는 우리의 능력 향상을 위해 차근차근 소통 리부팅을 시작해 보자.

효과적인 온택트 소통을 위한 기본매너 & 에티켓

온택트 소통 초기, 우리는 크고 작은 해프닝들과 마주했었다. 중요한 화상회의 중 아이의 울음소리가 마이크를 타고 전해진다거나, 가족 중 누군가가 카메라 안으로 불쑥 들어오는 일이 빈번하게 있었다. 마이크가 켜진 줄 모른 채 흥얼거리는 노랫소리가 회의 속으로 흘러 들어오는 뻘쭘한 상황도 종종 있었다. 누구나 익숙해지기 전 한 번쯤은 할 수 있는 실수일 수 있지만, 이제 더 이상의 해프닝은 없어야 한다. 온택트 소통의 적응기는 지난 상황이기에 이런 부주의한 실수에 대해 '어쩔 수 없는 일이야', '불가피한 상황이었어'라고 가볍게 넘길 수는 없다는 것이다. 이런 실수들은 공적인 업무와 회의를 지연, 무산시켜 업무에 차질을 빚을 수 있고, 매우 중요한 일들을 그르칠 수도 있기 때문이다.

사적인 친목 도모를 위한 온택트 소통은 서로에 대한 기본적인 매너를 지키는 것 외에 크게 주의해야 할 사항은 없다. 오프라인의 편안한 모임과 소통이 단순히 랜선 위로 옮겨진 것뿐이니까 말이다. 하지만 공적인 소통이라면 얘기는 달라진다. 지금부터 살펴볼 9가지 기본매너와 에티켓을 반드시 점검하고 소통에 참여해야 한다.

1) 철저한 사전준비

오프라인 소통에서는 경험해 보지 못했던 돌발상황을 온택트 소통에서 경험해 본 적이 있는가? 철저하지 못한 준비는 소통의 흐름을 끊기게 하고 일순간에 정적을 가져온다. 찰나의 작은 실수도 소통에 참여한 많은 이들에겐 크게 느껴질 수 있다. 그러므로 이러한 상황을 기억하고 발표자료, 회의의 의제, 공유해야 하는 또 다른 자료들을 철저히 준비할 필요가 있다. 가능하다면 시작 전 사전 점검을 꼼꼼히 하고 리허설도 해 봐야 한다.

2) 약속된 시간보다 조금 더 서두르기!

약속한 시각에 늦지 않는 것은 기본 중 기본.

예정된 시간보다 5분 정도 전에는 입장한 후 카메라, 마이크의 작동 여부와 인터넷 연결 상태를 확인해 둔다. 결정적 순간에 서로의 목소리를 들을 수 없거나 화면을 볼 수 없는 상황이 연출되면 온택트 소통의 효율은 급속히 떨어진다. 사용하는 툴의 메뉴가 무슨 기능을 하는지, 어떤 방식으로 작동이 되는지 숙지한 후에 원활한 소통이 되도록 준비한다.

온택트 소통을 주관하는 주최자 또는 진행자라면 툴에 대한 오리엔테이션을 간단히 진행하고 시작하는 것도 바람직하다.

3) 마이크 ON/OFF 설정하기

대부분의 온택트 소통의 툴은 마이크 ON/OFF 설정이 가능하다. 내가 이야기할 차례가 아니라면 마이크를 꺼 두는 것이 좋다. 상황에 따라 마이크를 ON/OFF 하는 일은 간단하면서도 번거로운 일일 수 있다. 때론 마이크가 꺼진 줄 모른 채 열심히 말하는 경우도 발생한다. 하지만 예상치 못한 소음으로 업무, 회의에 피해를 주는 일은 막을 수 있다.

4) 내 순서에만 말하기

다수가 모인 온택트 소통에서는 내 순서에만 이야기해야 한다. 여러 사람이 동시에 마이크를 켜고 말을 하면 매우 혼란스러운 상황이 발생하기 때문이다. 이는 시간 차가 발생하는 환경 탓이다. 인터넷 환경이 좋지 않을 경우 지연 현상은 더욱 심해져 혼란이 가중될 수 있으므로 반드시 주의가 필요하다. 주최자, 진행자의 진행에 따라 발언권을 부여받아 본인 순서에 말해야 한다. 다른 사람이 이야기하는 중에 마이크를 켜고 끼어들어 내 이야기를 하는 행동은 상대방을 전혀 배려하지 않는 모습이다.

5) 내 모습을 정확히 카메라에 담기

카메라 속에 담긴 내 모습을 계속 본다?! 거울에 비친 내 모습을 계속 바라보는 것과 크게 다르지 않다. 온택트 소통에서는 카메라에 비친 본인의 모습을 직접 보며 소통해야 하는데, 이 상황이 어색하고 민망해서 거부감이 들 수도 있다. 하지만 이마만 보이는 내 모습, 신체의 일부분만 보이는 모습, 천장과 전등만 비추는 카메라, 꺼져 있는 카메라. 참가자의 모습이 카메라에 정확히 보이지 않을 경우 참여하고 있는 소통에 가치를 두지 않는 것처럼 보일 수 있다. 그러니 '나 하나쯤은 괜찮겠지?'라는 마음을 내려놓고, 집중하고 있는 내 모습을 카메라에 정면으로 담아라. 그래야만 다른 참가자들의 집중력도 함께 높아진다. 참가하는 인원수만큼의 화면을 바라보는 모두는 쉽게 피로해질 수 있다. 따라서 카메라에 비치는 내 배경 화면을 단순화해 주는 것도 배려의 한 형태가 될 수 있다.

6) 상황에 맞는 용모 복장 갖추기

온택트 소통에 참여하고 있는 당신. 지금 모습 그대로 외출할 수 있는가?
소통에 참여하는 공간이 익숙하고 편한 공간이라고 해서 옷차림도 너무 편한 건 아닌지 확인해 보아야 한다. 친분이 있는 지인들과 소통을 하는 것과 공적인 소통을 할 때의 옷차림은 반드시 구별되어야 한다. 적절한 복장, 헤어스타일, 정리된 주변 환경 들을 세심히 챙겨야 한다. 격식 없는 편한 복장은 몰입을 방해할 수 있고 상대방도 어렵지 않게 눈치챌 수 있다. 복장은 소통에 임하는 우리의 마음가짐이기도 하다. 참고로 화려한 무늬의 상의와 액세서리는 집중력을 저하시킬 수 있으므로 단색, 심플한 패턴을 선택하는 것이 좋다.

7) 집중력 유지하기

소통하는 참여자들이 같은 공간에 머무르지 않는다는 것은 온택트 소통의 대표적인 특징 중 하나이다. 그런데 그것이 단점으로 작용하기도 한다. 나만의 공간에 혼자 있기 때문에 너무도 자유로운 나머지 집중력이 쉽게 떨어질 수 있고 주변 환경의 방해를 받기가 쉽다. 집중을 방해하는 요소들을 의도적으로 멀리 두는 자발적인 노력도 잊지 않아야 한다.

8) 리액션은 언제나 ON!

앞서 이야기했던 마이크 기능은 상황에 맞게 ON/OFF 해야 한다. 그러나 발표자의 이야기에 대한 반응은 언제나 ON이어야 한다. 온택트 소통은 대면 소통에 비해 실제감과 동시성이 현저히 떨어진다. 그러므로 '난 당신의 이야기를 경청하고 있다', '당신의 이야기에 동의한다', '질문이 있다' 등의 반응을 실시간으로 표현해 주어야 한다. 그렇지 않으면 발표자는 같은 이야기를 반복하게 되고, 청중의 이해도를 확인하는 작업을 여러 차례 진행해야 한다. 이런 행위는 소통의 효율성을 떨어트린다. 원활하고 효율성 높은 온택트 소통을 원한다면 비언어적인 메시지(두 손과 팔을 이용한 ○, X 표현, 엄지와 검지를 이용한 Okay 싸인, 질문이 있을 시 손을 드는 등)를 적극 활용해 반응하고, 채팅창을 이용해 실시간 답변을 해야 한다.

9) 메모 남기기

온택트 소통을 구성하는 요소는 영상과 목소리만이 아니다. '채팅창'도 빼놓을 수 없는 중요한 요소다. 다른 사람이 이야기하는 중에 갑자기 끼어드는 것은 매너 없는 행동으로 보일 수 있으니 채팅창에 의견을 남기는 것도 좋은 방법이다.

그리고 본인의 이야기가 끝난 후 짤막하게 이야기의 요점을 정리해 채팅창에 남기는 것도 효과적으로 소통할 수 있는 방법이다. 이렇게 남긴 메모는 추후 중요한 근거자료가 되기도 한다. 그뿐만 아니라 공식적인 온택트 소통에서는 채팅장에 관련 기록을 남기는 서기를 정해 보는 방법도 추천한다. 이렇게 영상과 목소리 그리고 채팅창까지 적절하게 활용한다면 온택트 소통의 빈틈은 찾아보기 힘들 것이다.

앞서 이야기한 에티켓들은 모두 통상적인 내용이다. 매너 없이 행동하지 않으면 되는 것이다. 내가 하는 말과 행동이 상대방에게 어떻게 인식되는지를 다시 한번 생각해 본다면 어려운 것은 없다.

溫을 더하라: 배려와 존중의 온기 더하기

1) 온택트 소통, 서로에 대한 존중과 배려는 필수

'테레하라' 혹은 '리모하라'와 같은 신조어를 들어 본 적이 있는가?

*테레하라
= 텔레워크(telework·IT장비를 활용한 원격근무, 재택근무) + 하라스먼트(harassment·괴롭힘)

*리모하라
= 리모트(remote·원격) + 하라스먼트(harassment·괴롭힘)의 합성어이다.

재택근무를 하던 F 상사 직원들이 화상회의 시작 전 주고받은 대화다.

A 부장: "자 이제 회의 시작합시다. 그런데 C 주임, 집이 왜 그렇게 어두워?"
B 과장: "어! 그러고 보니 C 주임만 좀 어둡네요. 조명설정 문제인가?"
C 사원: "설정 문제가 아니라, 창문이 좀 작아서 어두운 것 같습니다."
A 부장: "우리 회사 급여가 그렇게 낮았어?, 부지런히 모아서 창문 큰 집 좀 사~"

A 부장의 이야기에 웃던 다른 동료들의 모습이, C 사원의 기억 속에 오래도록 남았다.

일본 경영컨설턴트 요코야마 노부히로가 최근 일본 포털 사이트 야후 기고를 통해 재택근무를 하면서 화상회의 도중 일어난 사례를 조금 각색해 본 내용이다.

이 외에도 "방이 좁아 보이네?", "방 좀 구경시켜 줘.", "지금 집에 남자친구 같이 있는 거 아니야?", "할아버지 헛기침 소리가 너무 거슬리네?"와 같은 이야기로 상대에게 실례를 범하거나 상처를 준 적은 없는지 자신을 돌아볼 필요가 있다. 이는 상대방에 대한 존중과 배려가 없는 행동으로 마음에 깊은 상처를 남길 수 있기 때문에 각별한 주의가 필요하다.

2) 스몰토크(Small Talk)의 빅파워

비대면, 온택트 세상에서 소통하며 지내는 우리는 이전에 비해 얼굴을 마주하고 웃으며 주고받던 '소소한 대화'(Small Talk)가 줄어든 상황이다. 큰 의미 없는 한담(閑談)을 주고받는 시간이 줄어들면 업무효율이 높아질 것 같지만, 꼭 그렇지는 않다. 한담(閑談), 잡담, 안부 묻기 등의 정서적 소통이 없으면 심리적 거리감이 생긴다. 그뿐 아니라 분위기를 편하게 만들어 주는 가벼운 인사, 일상 속의 가벼운 주제로 주고받는 편안한 대화를 할 때 업무효율도 높아지고 번아웃도 막아 준다는 연구 결과가 있다. 단, '뒷담화' 같은 부정적인 주제는 예외다.

온택트 소통 시작 전 서로의 안부를 묻고 감정을 교류하는 공식적인 스몰토크 시간을 5~10분 정도 가지면 좋을 것 같다. "오늘 기분은 어때?", "식사는 했어요?", "혹시 최근에 ○○ 영화 봤어요?" 등 소소한 일상의 대화들이 우리가 조금은 더 연결되어 있음을 다시 한번 확인시켜 줄 것이다. 이러한 정서적 소통은 효과적인 업무적 소통의 마중물이 되어준다.

효과적인 온라인 메신저 소통을 위한 매너 & 에티켓

2021년 9월 아이지에이웍스의 빅데이터 분석 솔루션 모바일인덱스에 따르면, 8월 말 기준 카카오톡의 월간 활성 이용자 수는 약 4,497만 명으로 집계되었다. 페이스북 '메신저', 네이버 '라인' 등 주요 대체 메신저앱의 이용자 수와 합산해 계산하면, 카카오톡의 국내 메신저 시장 점유율은 86.5%에 이른다.[7] 이처럼 우리가 매일 쓰고 있는 '카카오톡'은 이제 단순한 온라인 메신저가 아니라 매우 중요한 소통 채널이다. '카카오톡'은 얼굴을 마주하지 않고 텍스트로만 대화가 오고 가는 것이 가장 큰 특징이다. 화면에 쓰이는 글자로만 내 생각과 의견이 전해지기 때문에 정확한 의사전달의 한계가 있을 수 있고, 의도치 않은 오해의 상황이 생길 수도 있다. 그렇기 때문에 메시지 발송 전, 우리는 조금 더 세심한 주의를 기울여야 한다.

1) 매너 타임 지키기

　카카오톡 메신저는 언제 어디서든 소통이 가능하다는 장점이 있다. 하지만 이런 장점을 이용해 이른 새벽, 늦은 밤에 카톡을 보내 오는 사람들 때문에 장점이 단점으로 퇴색되기도 한다. 그런데 매너 타임을 지키지 않는 것도 모자라 근무시간 외에 업무지시를 카톡으로 보내는 이들이 있다. 이런 문제는 직장 내 갑질 문제로도 여러 차례 지적된 바가 있다. 앞서 이야기했던 '테레하라', '리모하라'의 또 다른 한 형태일 수 있다. 카톡을 보내기 전 시계를 한번 보자. 그리고 생각하자. '메시지 발송 버튼을 누르기에 적합한 시간인가?', '카카오톡 메시지로 보내기에 적합한 내용인가?' 이런 부분에 대한 배려를 놓치면 상대의 사생활을 침해하는 매너 없는 사람이 될 수 있다.

2) 한 줄씩 보내기 NO! NO!!

　직장인 A씨는 업무 관련한 중요한 미팅을 하는 중이었다. 주머니에 넣어둔 스마트폰이 계속 진동 소음을 내며 진지한 회의 분위기를 망친다. 맞은편에 앉은 바이어가 급한 일인 것 같으니 스마트폰을 확인하라고 말한다. 참으로 민망한 상황이 아닐 수 없다. 미팅이 마무리된 후 스마트폰을 확인하니 친한 친구의 사담이 가득 담긴 79개의 메시지가 도착해 있다.

　계속해서 울리는 카톡 알람은 의도치 않게 피해를 줄 수 있다. 한 줄씩 보내는 반복적인 짧은 메시지로 인한 알람은 수신자에게 피로감을 준다. 하고 싶은 이야기를 명확하게 정리해서 한 번에 보내는 것은 수신자의 피로감을 줄여 주는 배려심 가득한 모습이다.

3) 지나친 줄임말과 맞춤법 파괴

얼굴을 마주하지 않는 문자 소통이라 해서 격의 없는 소통을 하는 건 옳지 않다. 오히려 얼굴을 마주하지 않기 때문에 더욱 예의를 갖춰야 한다. 이를테면 알 수 없는 줄임말, 초성 문자, 비속어, 은어, 맞춤법에 어긋난 표현들은 지양해야 한다. 이런 소통의 방법은 상대방의 이해도를 떨어뜨리거나 오해를 불러일으킬 수 있기 때문이다. 메시지 발신 전 맞춤법, 지나친 줄임말, 비속어와 은어가 포함되어 있진 않은지 확인하고 검토하자.

4) 자세히 말해 주기

카카오톡으로 주고받는 소통은 상대방의 모습을 볼 수 없기에 그가 어떤 상황인지 알기 어렵고 예측하기 힘들다. 그리고 문자 의존율이 높기 때문에 훨씬 더 자세하고 쉽게 풀어 말해야 한다. 그리고 이야기의 시작과 끝엔 정중한 인사, 양해, 배려의 멘트 "점심 식사는 하셨나요?", "기분 좋은 한 주 시작하십시오.", "바쁘신 업무 처리 후 회신 부탁드립니다." 등의 멘트를 추가하는 것도 좋다[8].

5) 텍스트에 감정을 더해 주는 이모지, 이모티콘

미국 IT(정보기술)기업 어도비는 최근 '2021 글로벌 이모지 트렌드 보고서'를 통해 '직장 내 소통에서 이모지를 사용하면 인력 유치와 협력 도모에 긍정적인 영향을 미치는 것으로 나타났다'고 밝혔다. 또 다른 설문에 따르면, 한국을 비롯한 7국의 이모지 사용자 7,000명 중 응답자의 71%가 직장에서 이모지를 사용하는 동료에게 더 호감을 느꼈다고 답했다[9].

한때는 이모지와 이모티콘이 가벼운 느낌을 줄 수 있어서 공식적 소통에서는 활용하지 않는 것이 암묵적 약속이었다. 하지만 근래에는 이모티콘과 이모지가 가지고 있는 순기능(직관적으로 의미전달 가능)이 주목받고 있다. 비언어적 소통이 불가능한 환경에서 말로는 표현이 어려운 미세한 감정, 말투, 어조를 담아낼 수 있고 보완해 줄 수 있기 때문이다.

텍스트만 가득한 딱딱한 소통 사이사이에, '엄지 척', '박수', '100점', '인정' 등의 이모지를 활용해 함께하는 상대에게 인정, 격려, 칭찬의 마음을 전해 보면 어떨까?

이모티콘

구글키보드 이모지

03
CON택트 소통을 컨펌하라

'무엇을 말하는가?'보다 '어떻게 말하는가?'가 더 중요하다.
꺼진 불도 다시 보는 마음으로, 대면 소통의 요소들을 꼼꼼히 확인해 보자.

마스크 착용은 '미래 진행형'

　미국인 10명 중 4.3명은 코로나 19가 종식된 후에도 '인파가 많은 곳에서는 마스크를 쓰겠다'고 응답한 설문의 결과를 본 적이 있다. 우리나라에서도 이와 유사한 설문조사를 한 자료가 있다. '마스크가 일상화됐는데, 백신 보급률이 높아지면 마스크는?'이라는 질문에 '코로나19가 종식됐다고 확인될 때까지 계속 쓴다'가 51.49%, '코로나19가 종식돼도 습관처럼 쓰고 다닐 것 같다'가 29.31%였다[10]. 이처럼 코로나19가 종식되어도 마스크를 쓰고 생활하겠다는 의견이 적지 않다. 마스크는 이제 정말 우리 생활의 일부가 되었다. 코로나19처럼 감염의 우려가 있는 질병뿐만 아니라 환경오염으로 인한 황사, 미세먼지도 마스크를 우리 생활의 일부로 만드는 원인일 것이다. 이렇게 우리의 건강을 지켜 주는 마스크가 때로는 불청객이 되기도 한다. 바로 대화를 나눌 때이다. 당신은 그간 마스크를 쓰고 소통을 하면서 어떤 점이 불편하고 어려웠나?

정확하게 전달되지 않는 나의 목소리, 조금만 말해도 금세 차오르는 숨은 우리의 '말하기'를 힘들게 했다. 마스크로 가려진 입 모양은 '듣기'를 방해했고, 표정을 읽을 수 없어 '감정 읽기' 또한 쉽지 않았을 것이다. 그뿐만 아니라 잘 들리지 않아 자꾸 되묻게 되는 상황이 미안해서 들리는 대로 듣고 해석하며 생기는 '소통의 오류'들도 우리의 소통을 어렵게 만들었다.

초등학생 자녀를 둔 학부모 505명을 대상으로 '코로나19 이후 커뮤니케이션 행태 변화'에 대한 설문조사를 진행했다. 조사에 따르면 코로나19 확산 이후 자녀들과의 대화가 줄었고, 소통 능력 저하를 우려하고 있는 것으로 나타났다. 설문의 내용 중 '마스크 착용으로 인해 아이와의 의사소통 시 가장 불편한 점'을 묻는 질문에 '아이 목소리가 잘 들리지 않는다'가 44%로 가장 많았다. '아이의 입 모양이 보이지 않아 정확히 알아듣기 힘들다' 29%, '아이의 얼굴 표정이 보이지 않아 목소리만으로 아이가 원하는 바를 정확히 파악하기 힘들다'는 답변도 23%였다[11]. 이 설문의 결과가 결코 부모와 자녀만의 상황이라고 볼 수는 없다. 마스크를 쓰고 소통하고 있는 우리 모두의 이야기이기도 하다.

그렇다면 마스크 소통의 불편함과 어려움을 어떻게 줄일 수 있을까? 답은 어렵지 않다. '어떻게 전달하느냐'가 답이 될 수 있다. 상대와 대화를 나누며 '무엇을 말하느냐'는 매우 중요한 부분이다. 그러나 그에 못지않게 '어떻게 전달하느냐'도 빼놓을 수 없는 중요한 요소이다. 마스크 소통의 불편함과 어려움의 대부분은 전달하는 방법 '어떻게'에 주의를 기울이면 많은 부분이 해결된다. 지금부터 '어떻게 말할지'에 대해 함께 고민해 보자.

'무엇을 말하는가?'만큼 중요한 '어떻게 말하는가?'

1) 정확한 발음

　마스크 소통 시 전달력을 높일 수 있는 좋은 방법의 하나는 소음이 없는 조용한 곳에서 대화를 나누는 것이다. 그러나 항상 조용한 환경이 만들어지는 것은 불가능하다. 마스크 소통의 가장 큰 특징은 발음에 주의를 기울이지 않으면 자칫 웅얼웅얼하는 것처럼 들릴 수 있다는 것이다. 그래서 전달하고자 하는 내용에 오류가 생기기 쉽다. 앞선 사례에서 '주차'와 '주체'가 잘못 전달되었던 에피소드처럼 말이다. 평소보다 발음에 더욱 신경 써서 또박또박 전달해야 한다. 핵심 키워드는 한 번 더 강조하고 수치 등은 메모해서 함께 보여 주는 것도 좋은 방법이다. 마스크를 쓰고 이야기하며 기억해야 할 첫 번째는 또박또박 말하기이다.

2) 볼륨, 악센트

　마스크는 발음의 정확도를 떨어뜨리는 것뿐만 아니라 소리 전달력도 감소시킨다. 마치 소리 가림막을 한 것과 비슷하다. 평소처럼 이야기할 경우 혼잣말처럼 작게 들릴 수 있으므로 목소리의 톤을 조금 높이고, 더욱 큰 목소리로 전달해야 한다. 미국 뉴욕 시립대학교 청각학과에서는 조용한 장소에서 마스크를 착용하고 대화했을 때와 그렇지 않을 때를 비교 연구했다. 연구 결과 마스크를 썼을 때 최고 12dB(데시벨) 정도 소리 크기가 줄어든다고 한다. 마스크를 쓰지 않았을 때의 일반적인 목소리가 40~50dB이라면 마스크를 쓰면 속삭이는 정도의 소리(30dB)처럼 들리게 된다는 결과다[12]. 상대방이 내 말을 전달받지 못하고 그로 인한 소통의 오류가 발생하길 원치 않는다면 평소보다 높은 톤으로 조금 더 크게 말해야 한다.

3) 말의 속도, 쉬어 말하기

소통 시 말의 빠르기는 매우 중요하다. 듣는 이의 이해도와 직결되는 요소이기 때문이다. 말이 느리면 답답하고 지나치게 빠르면 알아듣기가 어렵다. 말의 속도를 결정짓는 것은 단순히 천천히 말하는 것만이 아니다. 단어와 단어 사이 문장과 문장의 간격을 얼마만큼 띄우는지도 중요하다.

마스크 소통 시 의사 전달력을 높이고 싶다면 평소에 내가 말하던 속도보다 조금 더 천천히 이야기하자. 그리고 중요한 핵심 메시지 전후에는 한 호흡 정도의 멈춤(Pause)이 있어야 한다. 전달하고자 하는 욕구가 강해지면 자연스레 말이 빨라진다. 그러나 나의 빠른 속도와 듣는 이의 이해도는 반비례한다는 것을, 마스크 소통에서는 한번 더 기억하자.

4) 표정

'표정'이란 단어의 사전적 의미는 마음속에 품은 감정이나 정서 따위의 심리 상태가 겉으로 드러남, 또는 그런 모습을 뜻한다. 표정은 감정을 읽고, 교류하는 강력한 수단이 되어 준다. 그래서 우리는 상대와 소통할 때 표정이 주는 정보를 적극적으로 활용한다. 우리의 얼굴 중 눈과 입은 감정을 가장 많이 드러내는 부분이다. 특히 입 주변은 행복한 감정을 드러내는 역할을 해 준다. 그리하여 얼굴은 중요한 시각적 자극의 요소로서 의사소통과 사회적 상호작용에서 중요한 역할을 맡는다. 하지만 마스크로 2/3가량을 가려 버린 얼굴은 표정이 제 기능을 하지 못하게 한다. 이처럼 마스크로 표정이 가려진 상황에서는 어떻게 감정을 표현해야 할까? 마스크로 가려진 부분을 제외한 이마, 눈썹, 눈을 적극적으로 활용해 감정을 담아내고 표현해야 한다. 더불어 이야기를 듣는 청자도 그 감정을 읽어 내려는 노력이 필요하고, 말하는 사람과 마찬가지로 마스크 위쪽으로 드러난 얼굴을 통해 잘 듣고 있다는 신호도 계속해서 보내 주자.

5) 눈의 대화

이마, 눈썹, 눈으로 적극적 소통을 해야 한다면, 우리에겐 SMIZE가 필요하다. SMIZE = 미소를 뜻하는 '스마일'(Smile) + 응시를 뜻하는 '게이즈'(Gaze)를 합성한 신조어다. 눈을 통해 미소를 짓는 것, 광대를 위로 끌어올려 눈으로 웃음을 표현하는 것을 말한다.

입꼬리 주변의 근육은 감정이 없어도 쉽게 올릴 수 있기 때문에 '가짜 미소'를 만들기 쉽지만 눈 주변의 근육은 행복한 감정이 담기지 않으면 쉽게 움직이지 않는다고 한다. 마스크 너머로 눈썹과 광대를 끌어올려 진심을 담은 부드러운 표정으로 이야기할 준비를 해 보자.

6) 손짓, 몸짓, 바디랭귀지

　마스크가 소통의 장애 요인이 되는 건 객관적 사실이지만 결정적인 문제는 아닐 수도 있다. 손짓, 몸짓을 포함한 비언어적 메시지 활용을 잘해 준다면 말이다. 비언어적 메시지는 마스크 소통을 하면서 생길 수 있는 오류를 줄여 줄 수 있는 해결책이 되기도 한다. 신체적인 움직임을 이용해 전달하는 이야기의 내용을 보충하고, 움직임을 크고 정확하게 해 준다면 조금 더 정확한 정보전달이 가능하다. 예를 들면 수치를 이야기하며 해당하는 숫자를 손가락을 이용해 함께 보여 준다거나, 이야기의 내용과 동일한 제스쳐들을 취해 주는 것이 도움이 된다. 언어적인 메시지만으로 전달력이 떨어지는 상황엔 몸동작과 함께 전달하면 소통의 전달력은 높아진다.

7) 투명마스크(립뷰마스크)

　가운데 부분이 투명한 마스크를 낀 방송인들이 TV에 종종 등장하곤 한다. 처음에는 '웃기려고 그러나?'라는 생각과 함께 우스꽝스럽다고도 생각했다. 하지만 입 모양이 보이는 투명마스크를 쓰는 가장 큰 이유는 입 모양을 보아야 소통이 가능한 청각 장애인을 위한 것이었다. 그런데 이러한 투명마스크가 청각 장애인뿐만 아니라 정상 청력을 가진 사람에게도 전달력을 10% 높인다는 연구가 발표되었다.

　상파울루대학교 치과대학교 레지나 탕게리노(Regina Tangerino) 교수는 154명의 참가자를 대상으로 마스크 미착용, 일반 마스크 착용, 투명 마스크 착용 등 마스크 유형별로 말에 대한 이해도를 비교·분석했다. 참가자들은 청력에 따라 정상 청력, 청력 상실, 청력 상실 의심 등 3개의 그룹으로 나뉘었다. 각 그룹의 참여자들은 이해한 내용뿐 아니라 본인 응답에 대한 확신 정도, 들은 내용을 이해하기 위해 집중한 정도에 대해서도 답했다. 그 결과 평균적으로 세 그룹의 지원자들은 마스크 없이 말하는 영상에선 83.8%의 이해도를 보였고, 투명 마스크의 경우에는 68.9%를 이해했다. 그런데 불투명한 마스크를 착용한 영상은 58.9%의 이해도를 보여 정확도가 크게 떨어지는 것으로 조사됐다.[13] 일반 마스크보다 투명마스크를 썼을 때 전달력이 10% 높아졌다. 내가 마주하고 소통해야 하는 대상이 어린아이, 노인, 정상 청력이 상실된 사람이라면 투명마스크를 미리 준비해서 상대를 배려하는 사려 깊은 소통을 해 보자.

8) 적극적 경청

마스크를 쓰고 이야기를 할 때는 듣는 이가 내 말을 정확하게 이해하고 있는지 주의를 기울여야 한다. 더불어 응답을 재촉하지 않고 기다려 주는 여유도 필요하다. 중요한 메시지를 전달할 때는, 상대가 올바르게 이해했는지를 확인하기 위한 질문을 해 보는 것도 좋다.

반대로 이야기를 듣는 상황이 되었을 땐 마스크 소통인 만큼 주의 깊게 들으려는 노력이 반드시 필요하다. 하던 일을 잠시 멈추고 상대를 바라보면 언어적 요소뿐 아니라 비언어적 요소까지 이해의 도구로 활용할 수 있게 된다. 마스크로 가려진 부분을 제외한 눈, 눈빛을 읽어 내기 위한 아이 콘택트는 필수, '귀 기울여 듣고 있다', '이해하고 있다'라는 반응도 상대에게 실시간으로 표현해 주어야 한다. 혹 마스크로 가려진 입 모양 때문에 정확하게 전달받지 못한 부분이 있다면 확인과 질문도 잊지 않는다.

지금까지 이야기한 8가지 마스크 소통 수칙은 크게 어렵지 않은 내용이다. 내 이야기를 듣는 상대에게 조금 더 정확하게 전달하겠다는 노력과 의지, 이야기하는 상대방의 말들을 놓치지 않고 정확하게 이해하며 듣겠다는 배려의 마음이 있다면 말이다. 그리고 이 모든 것을 생활 속에서 실천으로 옮기려는 자발적 노력이 덧붙여지면 마스크라는 장애물이 우리의 소통을 방해할 수는 없을 것이다.

04

ON택트 소통 + CON택트 소통
= ㅅ택트 소통

ON택트 소통과 CON택트 소통이 조화를 이루는 당신이라면
사람과 사람을 잇는 ㅅ택트 소통이 가능해진다.

인류에게 소통은 공기 같은 것

소통, 즉 커뮤니케이션(Communication)이란 말의 어원은 라틴어 'communicare'다. 이 말은 '공유한다' 또는 '함께 나누다'라는 뜻이다. 명사형은 'communis'고 함께 나눔 또는 함께 나누는 사람들이란 뜻이다. 여기서 경험을 함께 나누는 사람들의 모임이라는 뜻인 공동체 'community' 혹은 코뮨(Commune)이라는 말이 나왔으며, 여러 사람이 공유하는 생각이라는 뜻의 상식(Common Sense)도 모두 같은 어원에서 유래한 말이다. 이처럼 커뮤니케이션의 원래 의미는 메시지를 상대방에게 전달한다기보다는 경험을 함께한다는 뜻이다. 즉 공통의 경험을 함께 나누는 것이 소통이다[14].

많은 사람과 관계를 맺고 어우러져 살아가는 우리에게, 소통의 중요성은 아무리 강조해도 지나치지 않다. 업무를 함께 할 때, 정보를 주고받을 때 우리가 사용하는 수단은 소통이다. 그뿐만 아니라 관계를 형성하고 유지, 강화시켜 주는 중요한 수단도 소통이다.

서점에서 접하게 되는 책 중 '소통'을 주제로 다루는 책들은 몇 권이나 될까? 지금까지 출판된 소통을 주제로 한 수많은 책, 무수히 쓰인 학술 논문들. 많은 저자, 학자들이 소통에 대해 오랜 시간 연구하고, 필요성과 중요성을 끊임없이 이야기하고 있는 이유는 무엇일까? 인류가 살아감에 있어 소통은 매우 중요한 요소이기 때문이다.

A+ 소통을 위한 '마음가짐'

우리는 태어나서 말을 배운 뒤로는 평생을 말하며 살아가는데 왜 소통이 어려울까? 흔히 '소통을 잘한다'라고 하면 말을 잘하는 사람으로 생각하기 쉽지만, 결코 그렇지 않다. 소통은 혼자 하는 말하기가 아니라 내 마음과 상대방의 마음이 만나 통하는 과정이다. 그 때문에 상대를 대하는 우리의 마음가짐은 매우 중요하다. A+ 소통을 위한 우리의 마음가짐을 리부팅해 보자.

Attitude: 진심과 진정성을 담은 태도가 필요하다.
Point: 관점의 차이가 있음을 기억하라.
Listen: 듣기를 즐겨라.

Unsame: 같지 않다, 틀림이 아니라 다른 것이다.
Stranger: 타인을 존중하고 배려하라.

우리는 때때로 화려한 언변을 가진 사람의 이야기와 말솜씨의 매력에 빠진다. 하지만 시간이 지날수록 스킬만 탁월하고 진심과 진정성이 없는 말은 우리의 마음을 얻지 못한다. 초연결 시대에 살고 있는 우리는 '풍요 속 빈곤'이라는 말처럼, 언제 어디서나 연결되어 있고 소통할 수 있지만, 순간순간 느껴지는 고독감과 외로움을 온전히 피할 수는 없다. 이럴 때 우리는 누군가와 맞닿아 있다는 심리적인 확신이 필요하다. 이런 확신은 앞서 이야기한 'A+'로 하나씩 채워 나가면 된다. 가장 먼저 소통에 임하는 마음가짐에 진심을 담는다. 그다음 상대와 나는 다른 환경 속에서 다른 경험을 하며 살아왔다는 것을 인정한다. 그래서 우리는 같은 문제나 상황을 보더라도 관점(입장)의 차이가 생길 수 있다. 이때 나와 다른 주장을 하는 상대에게 '틀렸다', '잘못됐다'라는 생각을 하는 순간 '다름'은 '갈등'으로 번진다. '다를 수 있어…', '내가 모르는 무슨 이유가 있겠지…' 하는 존중과 배려의 마음을 가져 보자. 부정적 감정의 소용돌이 없이, 내 마음도 함께 편안해짐을 느끼게 될 것이다.

'귀는 친구를 만들고, 입은 적을 만든다'라고 했던 탈무드의 한 구절처럼 '말하기'보다 '듣기'에 무게를 실어 보자. 듣게 되는 많은 이야기와 정보를 통해 우리의 소통은 한층 깊어지고 즐거워진다.

매일매일 반복하는 노력과 실천

소통에 있어서 빼놓을 수 없는 중요한 요소는 '노력과 실천'이다.

소통을 잘하기 위한 기본 매너와 팁들을 기억하는 것은 중요하다. 하지만 그것을 좋은 습관으로 만들기 위한 반복적인 노력과 실천은 더욱 중요하다. 누구나 소통이 중요하다는 것은 잘 알고 있다. 원활한 소통을 위해 필요한 요소들도 잘 알고 있다. 하지만 문제는 행동으로 옮겨지지 않는 경우가 많다는 것이다.

소통을 잘하기 위해 필요한 요소들을 선천적으로 가지고 태어난 사람은 많지 않다. 그러므로 살면서 만나는 다양한 유형의 사람들과 관계를 맺고 소통하기 위해서는 끊임없는 노력이 필요하다. 소통이 잘 안 된다고 속상해하거나 비난의 화살을 상대에게 돌리기에 앞서 소통지수 향상을 위한 꾸준한 노력과 실천을 하고 있는지 스스로를 되돌아보자.

지금까지 함께 살펴본 온택트 소통, 콘택트 소통 시 지켜야 하는 매너와 팁(Tip)들을 조화롭게 활용해 보자. ON택트 소통과 CON택트 소통의 자연스러운 어우러짐은 사람과 사람을 잇는 人택트 소통이 되리라 믿는다.

리부팅된 소통에 공감 더하기

우리 삶의 많은 부분이 디지털화되고, 인공지능 AI의 출현으로 사람이 해 왔던 많은 영역이 줄어들고 있다. 소통에서도 마찬가지다. 굳이 누군가와 대화를 통해 정보를 얻고, 직접 만나 이야기하지 않아도 소통의 기본적 기능은 가능하다. 하지만 기술이 제아무리 발전하고 편리함을 가져다 준다 해도 기술력이 대신할 수 없는 몇몇 가지 요소들이 있다. 그중의 하나가 바로 '공감'이지 않을까 생각한다. 배려와 존중의 디딤돌이 되어 줄 요소는 대상과 상황에 대한 공감이다. 소통이 힘들고 진실한 관계 맺기가 어려운 우리가, 지혜롭게 공감하며 서로의 마음을 깊이 헤아릴 수 있는 법을 다음 챕터에서 함께 생각해 보자.

3
Chapter

공감 리부팅

우리는 접촉보다 접속이 늘어난 공감 시대에 살고 있다. 공감이 확장된 세상 속에 우리는 어떠한 공감을 주고받아야 하는 것일까? 공감이 점점 어려워지는 세상. 우리는 휴먼터치 공감을 원한다. 사람의 마음이 닿는 휴먼터치 공감은 우리 삶에 윤활유이자 활력소이다. 앞으로 더 나은 세상을 위한 공감의 방법을 모색해 보고, 우리가 갖추어야 할 올바른 공감의 자세는 무엇인지 알아보도록 하자.

01
공감이
필요한 시대

공감이 어려워지는 세상 속에
우리는 휴먼터치 공감을 원한다.

접촉보다 접속이 늘어난 공감 시대

우리는 공감 시대 속에 살고 있다. 우리의 디지털 세상은 접촉보다 접속이 늘어난 공감 시대를 만들어 냈다. 특히 세계 미래학자이자 경제학자인 제러미 리프킨(Jeremy Rifkin)은 "공감이 전체 인류에게로 범위를 빠르게 넓혀 가고 있다."라고 말하며, 디지털 세상이 시공간을 초월한 관계를 만들며, 확장된 환경을 제공해 주고 있음을 이야기하고 있다. 이러한 공감이 확장된 세상 속에서 우리는 어떠한 공감을 주고받아야 할까?

공감(Empathy)은 1909년 미국의 심리학자 에드워드 티치너(Edward B. Titchener)에 의해 상대의 감정을 인식하고 반응하는 것으로 알려졌다. 즉 상대의 감정을 정확히 파악하고, 상대의 입장에 서서 이해하며 반응하는 것이, 진정한 공감이라는 것이다. 이러한 공감은 우리를 이어지게 만든다. 하지만 진정한 공감은 쉽지 않다. 특히 오프라인과는 달리 온라인에서의 공감은 더욱더 어렵다. 왜 온라인에서의 공감이 더 어려운 것일까?

공감이 어려워진 온라인 세상

'제곧내', '띵작', '프사'를 아시나요?

온라인에서는 공감이 한계에 부딪힌다. 무분별한 줄임말과 신조어가 남발하기 때문이다. 앞서 제시한 '제곧내'는 제목이 곧 내용이라는 뜻이다. '띵작'은 명작을, '프사'는 프로필 사진을 의미한다. 최근 설문조사에 따르면 청소년 10명 중 6명은 줄임말과 신조어를 선호하고, 이를 접하는 계기가 SNS 등 인터넷이라는 답변이 59%로 나타났다[1]. 이러한 줄임말과 신조어의 사용은 상대가 뜻을 모르면 소통하기 어렵다. 특히 온라인은 오프라인과 다르게 오로지 텍스트와 이모티콘으로 소통을 한다. 이때 상대의 표정, 어조, 몸짓 등이 없는 온라인 상황은 해석하는 데 어려움을 준다. 결국 이러한 온라인 소통은 공감의 한계를 드러낸다.

온라인은 자유롭게 의사 표현을 할 수 있는 공간으로 익명성이 보장된다. 하지만 부정적 의사 표현과 욕설·비방이 난무하기 시작하면 그 공간은 퇴색되고 만다. 예를 들어 부동산 관련 카페에는 종종 지역, 입지, 학군 등을 묻는 글이 있다. 모두가 자유롭게 댓글을 달지만 선한 의도와는 다르게 악성댓글도 보인다. 서로의 지역, 입지, 학군 등이 우수하다며 상대를 헐뜯는다. 이들은 자신의 정보에만 주목하고 상대에 대한 이해 부족과 왜곡된 편견으로 확증편향을 보인다. 이러한 확증편향은 온라인의 치열한 언어 전쟁을 유발한다.

온라인 세상 속 공감이 어려워진 또 하나의 이유는 환경에 있다. 우리는 각자가 지닌 랜(Lan) 환경과 디지털 기기의 사양에 따라 시스템 문제에 봉착하게 된다. 말함에 있어 끊기거나 버벅거리는 등의 시스템 문제는 우리의 소통을 가로막는다. 또한 집, 카페, 회사 등의 서로 다른 환경은 같은 온라인 공간에 있지만 서로 다른 접속 환경으로 주의집중을 떨어뜨린다. 이러한 온라인 환경은 함께 있지만, 전혀 다른 생각을 만들어 동상이몽(同床異夢)의 공감 상태를 만든다.

온라인에서의 무분별한 줄임말과 신조어, 부정적인 의사 표현, 원활하지 못한 온라인 환경 등의 문제는 공감을 어렵게 만든다. 그래서 우리는 오프라인보다 온라인의 공감을 더 어려워한다. 공감이 어려워진 온라인 세상 속에 우리의 소통을 가로막는 장애물은 없는지 잘 살펴보아야 한다.

인공적인 공감이 불편한 세상

"제가 당신보다 아이들을 더 잘 돌볼 수 있는 건 명백한 사실이에요. 전 기억을 잊지 않으며, 화내지 않고, 우울해하거나 술이나 마약에 취하지도 않죠. 저는 빠르고, 강하며, 관찰력이 뛰어나죠. 저는 두려움도 느끼지 않아요. 하지만 전 그들을 사랑할 수는 없죠."

인간과 AI 로봇이 공존하는 세상을 그린 영국 드라마 휴먼스(Humans)의 한 대사이다. 가사, 육아, 사회생활로 바쁜 엄마를 대신해 아빠가 인공지능 로봇 '아니타'를 구입한다. 엄마의 영역을 대신하는 인공지능 로봇에 가족들은 좋아한다. 하지만 엄마는 자신의 존재가 대체되는 듯한 불안감을 느낀다. 이에 인공지능 로봇 '아니타'가 엄마에게 말하는 장면의 대목이다.

한 치의 오차도 없이 일을 처리하는 인공지능 로봇은 우리의 자리를 위협하고 있다. 그동안 로봇은 물류, 택배, 공장 등에서 활용되었다. 하지만 지금은 다양한 분야에 인공지능 로봇이 사용되고 있다. 커피를 만드는 바리스타 로봇, 객실 비품을 갖다주는 호텔 로봇, 식당 서빙 로봇 등 서비스 영역까지 인공지능 로봇이 확대되고 있다.

우리는 사람의 손길이 대체되는 인공지능 로봇 서비스에 처음에는 신기한 광경을 본 듯 쳐다본다. 하지만 어느새 우리는 불편하고 어색한 마음이 든다. 로봇 과학자 모리 마사히로는 '불편한 골짜기(Uncanny Valley) 이론'을 제시하면서 로봇이 인간과 닮을수록 호감도는 증가하지만, 시간이 지날수록 강한 거부감을 준다고 말한다. 이처럼 로봇이 우리 삶의 귀찮은 일은 해 줄 수 있지만, 사람의 따뜻한 마음을 대신할 수는 없다. 기술이 아무리 발전하여도 우리는 로봇의 인공적인 공감보다는 사람의 마음과 손길이 닿는 따뜻한 휴먼터치 공감을 원한다.

우리가 원하는 휴먼터치 공감 세상

우리 삶은 점점 무인화(無人化)되어 가고 있다. 코로나19로 쏘아 올린 언택트 환경은 키오스크 확산에 영향을 주었다. 우리는 키오스크 사용 시 차가운 터치스크린을 통해 주문과 결제를 한다. 하지만 누군가는 한참을 헤매다 익숙하지 않아서 돌아선다. 최근 소비자원이 조사한 내용에 따르면 65세 이상 소비자 10명 중 5명은 키오스크 주문을 포기하고, 뒷사람의 눈치가 보여 불편하다는 응답을 하였다[2]. 이러한 키오스크는 다양한 사람들의 요구와 감정을 인지하지 못하고, 시스템 사용의 어려움과 불편함을 제공한다. 그래서 우리는 차가운 키오스크보다 원활한 소통과 따뜻한 말이 오가는 사람의 응대를 원한다.

서울대 소비트렌드분석센터에서는 첨단 기술이 발전할수록 인간의 따뜻함을 전하는 휴먼터치(Human Touch) 공감이 필요하다고 말한다[3]. 첨단 기술의 발전은 기술이 인간을 대체하는 것이 아닌 인간의 접촉을 보완해 주는 역할로 변해야 한다는 것이다. 즉 모든 기술은 사람을 향해 발전해 가야 하며, 누구든 소외되지 않도록 언제나 사람의 손길이 닿아야 한다. 디지털 시대에 휴먼터치 공감은 상대에 대한 따뜻한 배려와 존중이 담겨 있어야 한다. 이러한 진실된 공감은 인간만이 할 수 있다. 디지털 시대에 인간만의 휴먼터치 공감을 어떻게 주고받아야 하는지 알아보자.

02
공감을 주다

공감을 주는 방법을 통해 현실 속
온·오프라인 공감을 연결한다.

공감의 기술

"마음으로 보아야 더 잘 볼 수 있는 거지. 가장 중요한 것은 눈에 보이지 않아."

생텍쥐페리의 어린 왕자 속 그림은 누구나 한 번쯤은 보았다. 어린 왕자를 학습한 우리는 왼쪽 그림을 보면서 모자가 아닌 코끼리를 삼킨 보아뱀이라고 말한다. 하지만 진짜 현실은 어떨까? 코끼리를 삼킨 보아뱀은 말도 안 된다며, 상대를 외면한다. 결국 공감하지 못한 엇갈린 소통은 우리의 연결을 끊어 놓는다. 모든 관계에는 공감이 바탕이 되어야 한다. 사람들은 관계를 형성하고 유지하는 데 있어 공감이 어렵다고 말한다. 우리가 공감이 어렵다고 느끼는 이유는 공감하는 방법을 잘 모르기 때문이다. 공감에도 기술이 필요하다. 앞서 공감은 상대의 감정을 인식하고, 이해하며, 반응하는 것이라 말했다. 이것이 바로 공감의 개념이자 프로세스이다. 그렇다면 공감을 어떻게 주어야 할지 구체적으로 알아보자.

1) 상대의 감정을 인식하라

접속으로 연결된 디지털 세상은 어떻게 공감해야 할까? 진화학자인 서울대 장대익 교수는 인지과학을 바탕으로 인간에게는 두 가지 공감 능력이 있다고 말한다.

첫 번째, 정서적 공감의 거울 뉴런(Mirror Neurons)이다. 거울 뉴런은 1990년대 이탈리아 신경심리학자 리촐라티(G.Rizzolatti) 교수에 의해 알려졌다. 연구진은 원숭이의 다양한 행동과 뇌의 반응을 연구하며 실험을 했는데 한 원숭이가 다른 원숭이의 행동을 보기만 해도 뇌가 반응한다는 사실을 발견한다. 즉 자신이 직접 행동하지 않고, 보고 듣는 것만으로도 자신이 행동하는 것처럼 뇌가 활성화된다는 것이다. 우리의 뇌도 마찬가지다. 상대의 행동을 보고 듣는 것만으로도 자동적인 감정 인식을 통해 상대의 마음을 알 수 있다.

두 번째, 인지적 공감의 역지사지(易地思之)이다. 역지사지는 상대의 입장에 서서 바라보고 생각하는 것이다. 그렇다면 우리는 온라인에서 상대를 보고 듣지도 못하는 디지털 텍스트에 어떻게 공감할 수 있는 것일까? 그것은 바로 인간만이 지닌 인지적 공감 능력 때문에 가능한 것이다. 입장을 바꾸어 생각하는 능력은 상대의 마음을 헤아리는 데 도움이 된다. 이러한 공감은 원활한 관계를 맺고 유지하는 데 긍정적인 상호작용을 한다. 결국 우리는 두 가지의 정서적·인지적 공감 능력을 통해 상대의 감정을 인식할 수 있다.

그럼, 상대의 감정을 인식하기 위한 하나의 테스트를 해 보겠다. 아래 그림 속 바닥에 표시된 숫자는 무엇일까?

우리는 숫자 6이라고 표현하기도 하고, 숫자 9라고도 말한다. 정답은 어느 방향에서 보느냐에 따라 달라진다. 진정한 공감은 내 입장에 서서 바라보는 것이 아니라, 상대의 입장에 서서 바라보고 감정을 인식하는 것이다. 따라서 진정한 공감을 하려면 상대의 감정을 인식하려고 노력해야 한다.

2) 상대의 감정을 이해하기 위한 질문을 하라

　2021년 온라인 중고 거래 플랫폼에 '다 쓴 기프티콘이라도 주세요.'라는 제목으로 '엄마 아빠한테 친구 없는 거 들키기 싫어요. 다 쓴 거라도 주시면 감사하겠습니다.'라는 글이 올라왔다. 이 상황이 궁금한 A씨는 채팅을 통해 정중히 이유를 물었다. 내용인즉 중학생 B씨는 생일을 맞아 코로나19로 생일파티는 하지 않고, 친구들에게 선물을 받기로 했다며 부모님을 안심시켰다고 한다. 하지만 정작 B씨는 친구가 많이 없어 부모님께 실망을 안겨 드릴 것 같다며, 다 쓴 기프티콘이라도 달라며 하소연한 것이다. 이 사정을 들은 A씨는 중학생 B씨에게 정성스러운 손편지와 케이크를 준비해 특별한 생일선물을 선사했다[4].

　온라인에 남겨진 글은 누군가에게 스쳐 지나가는 가벼운 글일 수도 있다. 혹은 글의 내용을 보고 의문은 들지만 질문하지 않는 경우도 많다. 특히 짧은 글일수록 구체적인 설명이 없으면 이해가 어려워진다. 이러한 글은 글쓴이의 마음을 헤아리기 힘들어 다양한 해석을 남기기도 한다.

　알버트 아인슈타인(Albert Einstein)은 질문이 정답보다 중요하다고 말한다. 올바른 질문은 핵심을 알게 해 준다. 그리고 상대의 마음을 볼 수 있게 통찰력을 준다. 그렇기에 우리는 온라인 소통 시 이해되지 않는 부분에 대해 질문으로 문의하고, 상대를 이해하려고 노력해야 한다. 예를 들어 "이게 맞나요?"라는 확인 질문과 "여기서 말하고자 하는 것은 무엇인가요?"의 핵심 질문, "조금 더 자세히 말해 줄 수 있나요?"의 확장 질문 등을 통해 상대의 감정을 이해하도록 노력해야 한다. 다만 질문이 질책이 되어서는 안 된다. 질책은 상대의 마음 문을 닫게 한다. 공감의 질문은 항상 상대의 감정을 이해하기 위한 수단이지, 시험이 되어서는 안 됨을 명심해야 한다.

3) 상대의 감정에 반응하라

친한 동료 C대리가 연락을 했다.

"나 어제 퇴근하려는데 갑자기 팀장님이 월별 실적 분석하라고 해서 11시까지 야근했잖아."

이때, 당신이라면 어떤 공감을 해 주겠는가?
① 응. 그래~
② 야~ 뭘 11시까지 한 거로 그러냐?
③ 정말? 11시까지? 진짜 힘들었겠다.
④ 오호~ 시간 외 근무수당 받겠는걸? 커피 한 잔 사!

대다수가 C 대리라면 ③번의 공감을 듣길 원한다. ①번은 상대의 말에 잘 듣고 있다는 반응만 있을 뿐, 상대가 느끼는 감정에 대한 공감이 없다. ②번은 11시까지 야근한 게 대수냐며 훈계하는 느낌을 준다. ④번은 C 대리의 감정에는 아무 관심이 없고, 늘어난 수당에만 반응을 보여 C 대리를 당황스럽게 만든다. 반면에 ③번은 C 대리가 느끼는 감정을 직접적으로 언급해 줌으로써, 이해받고 있다는 느낌을 제공한다.

진정한 공감은 상대의 말에 주목하고 그 내면에 담긴 정서나 감정에 귀 기울이고 표현해 주는 것이다. 즉 잘 듣고 있다는 반응과 상대의 감정을 이해한다는 표현이 조화를 이룰 때 상대는 진정한 공감을 받는다고 느낄 수 있다.

잘 듣고 있다는 반응으로는 감탄사, 핵심 단어 반복, 요약정리가 있다. 감탄사는 저절로 느끼어 나타내는 말로 상대의 말에 '아~', '정말?', '어머' 등이 있다. 핵심 단어 반복은 상대 말의 중요한 단어를 반복하며 표현하는 것이다. 요약정리는 상대의 말이 맞는지 전체적으로 정리하며 말하는 것이다. 하지만 이러한 감탄사, 핵심 단어 반복, 요약정리는 잘 듣고 있다는 반응의 표현일 뿐 상대의 마음을 이해하고, 지지해 주고 있는 것은 아니다.

상대의 감정을 이해한다는 표현으로는 '나 또한 그랬을 것 같아' 등의 상대를 이해하고 지지하는 표현을 하는 것이다. 우리는 자신을 이해하고 존중하며 지지해 주는 사람이야말로 온전히 마음을 나눌 수 있는 관계라 여기며 마음의 문을 연다. 공감을 잘하기 위해서는 상대의 감정에 반응할 때 꼭 잘 듣고 있다는 반응만이 아닌 상대를 이해한다는 표현을 써야 하겠다.

공감의 딜레마

"내 생각과는 전혀 다른 상대의 마음에 공감이 안 돼요."

우리는 내 생각과 전혀 다른 상대의 마음에 공감하지 못할 때가 있다. 이러한 상황은 공감의 딜레마를 부른다. 나와는 전혀 다른 상대의 생각에 나는 어떻게 동의해야 할까? 상대는 맞고 나는 틀렸다는 말인가? 그건 아니다. 단지 나와는 다를 뿐이다.

국내 정신건강의학과 전문의 정혜신 박사는 내 생각과 달라서 전혀 동의하기 어려운 마음일지라도 상대의 마음은 항상 옳다고 말한다. 즉 상대의 마음은 옳고 그르다고 판단할 영역이 아니라는 것이다. 늘 이해의 대상으로 보고 그 마음을 인정해야 한다. 나와는 다른 상대의 마음을 인식하고, 이해하며, 인정해 줄 때 공감의 깊이는 점점 더 커지게 된다는 사실을 명심하자.

"무조건 긍정적인 공감을 해야 하나요?"

오하이오 주립대학 심리학 교수인 제니퍼 치벤스는 긍정적인 공감 표현이 상대의 긍정적인 감정을 일으킨다고 말한다. 그는 307명을 대상으로 참가자들의 화난 사건을 작성하게 한 뒤, 해당 내용을 말하도록 하였다. 이에 연구진은 참가자들의 화난 감정에 "물론 화가 났을 것이다.", "당신이 화가 난 것을 이해한다."라는 긍정적인 공감의 표현과 "그게 그렇게까지 화낼 일인가?" 등의 부정적인 공감을 보이게 했다. 그 결과 긍정적인 공감을 받은 참가자들은 기분이 회복되거나 평소보다 긍정적인 감정을 느끼는 것으로 나타났다. 반면에 부정적인 공감을 받은 참가자들은 우울과 불안 등의 부정적인 감정을 보였다[5]. 이 실험은 긍정적 공감이 긍정적 감정을 부른다는 것을 확인해 주었다. 이러한 긍정적인 공감은 상대의 마음을 치유하고, 지지해 줌으로써 나와 상대가 하나가 되는 느낌을 만들어 준다.

하지만 무조건 긍정적인 공감만이 답일까? 그것은 아니다. 하버드대 임상심리학 아서P.시아라미콜리(Arthur P. Ciaramicoli) 교수는 "공감은 친절의 동의어가 아니다."라고 말한다. 상대에게 듣기 좋은 말만 하는 것은 진정한 공감이 아니라는 것이다. 필요에 따라서는 상대와 반대되는 의견을 제시할 수 있어야 한다. 이때 상처가 되는 비난의 말보다는 건설적인 비판을 해야 한다. 비난과 비판은 본질이 다르다. 비난은 사전적 의미로 남의 잘못이나 결점을 책잡아 나쁘게 말하는 것이다. 반면에 비판은 사물의 옳고 그름을 판단하여 논리적으로 잘못된 부분을 말하는 것이다. 즉 비난은 상대가 자신을 욕한다고 느끼게 하지만, 비판은 옳고 그름을 이야기한다고 느끼게 하는 것이다. 이처럼 건설적인 비판이 때로는 진정한 공감으로 와닿을 수 있다. 우리는 긍정적인 공감 이외에 건설적인 비판을 통해 상대를 성장하게 만드는 원동력을 제공해야 하겠다.

공감의 타이밍과 상황

한 달 전, 직장인 D씨는 '잠시 일상에서 벗어나 제주도에서 힐링 중'이라는 글을 SNS에 올렸다. 여행 후 바쁜 업무 속에 마감을 하고 있는데, 자신의 SNS에 댓글 메시지가 뜬다. '나도 지금 제주도인데 넌 어디냐?'라는 것이다. 여행을 다녀온 지 한 달이 되어 가는데, 친구의 댓글에 헛웃음이 나온다. 직장인 D

씨는 '난 지금 회사'라며 짧게 댓글을 남긴다.

초연결 시대에 우리는 언제, 어디서든 빠르게 공감할 수 있다. 하지만 상대가 올린 글의 시점을 정확히 파악하지 않고, 답하는 경우가 있다. 디지털 시대에 공감은 글의 시점을 정확히 파악하여 답하는 것이 중요하다. 최근 식품업계에서는 먹는 타이밍에 주목하는 '모먼트 마케팅'(Moment Marketing)이 열풍이다[6]. '갓 만들어 갓 먹을 때가 가장 맛있다는 것'이다. 이것은 음식에만 적용되는 것은 아니다. 공감도 마찬가지이다. 상대가 올린 글의 시점에 맞춰 신속하게 답해 줄 때 그 의미는 극대화된다. 이처럼 공감은 어떻게 표현하느냐도 중요하지만, 공감의 타이밍도 중요하다는 사실을 기억하자.

공감은 상황에 맞지 않는 타이밍 외에, 상황에 맞지 않는 공감 버튼 사용으로 오해를 부르는 경우도 있다. SNS마다 공감 버튼 구성에 차이는 있지만, 기본적으로 '좋아요' 버튼은 어디에나 있다. 우리는 원활한 상호작용을 하고 있다는 방증으로 이 버튼을 누른다. 이것은 상대에게 관심을 표명하기 쉬운 도구이다. 또한 '좋아요' 버튼은 마음을 따뜻하게 하며, 공감을 형성하게 한다. 이러한 '좋아요' 버튼은 우리의 긍정적인 감정을 나타낼 수 있는 좋은 방법이며, 댓글을 달 수 없을 때 간편하게 쓸 수 있는 장점을 갖추고 있다.

하지만 잘못된 사용의 '좋아요' 버튼은 우리의 눈살을 찌푸리게도 한다. 그것은 '삼가 고인의 명복을 빕니다'라는 상대의 슬픔, 위로가 필요한 사건에 '좋아요' 버튼을 누르는 것이다. 또한 천재지변으로 인해 고통받는 수해 지역에 '좋아요' 버튼을 누름으로써 사회적으로 지역 갈등을 조장하기도 한다. 이는 국내외 할 것 없이 다양한 부정적 상황에서 나타난다. 상황에 맞지 않은 '좋아요' 버튼은 올바른 공감의 품격이 아니다. 이처럼 공감의 '좋아요' 버튼은 상황에 맞게 긍정적인 의미로 사용되어야 한다.

현실 속 공감 연결

직장인 E씨는 새 차를 뽑은 지 일주일이 되지 않아 사고가 났다. 신호대기 중에 상대방이 뒤에서 들이받은 것이었다. SNS에 찌그러진 차 사진과 함께 글을 올린다. 이 글을 본 지인들은 '몸은 괜찮아?', '힘내' 등의 관심과 위로의 댓글을 남긴다. 그러다 한 통의 전화가 울려 퍼진다. 바로 절친이다. SNS에 올린 글을 보고 전화를 한 것이다. 댓글을 다는 것보다는 먼저 안위를 묻고 걱정해야 하는 것이 도리라 생각되어 연락했다는 것이다.

과연 디지털 시대 댓글을 남기는 사람과 전화로 안위 여부를 확인하는 사람 중에 어떤 사람이 공감을 잘하는 것일까? 정답은 바로 후자일 것이다. 고려대 심리학 권정혜 교수에 따르면 SNS는 전반적인 친밀감을 증진시키지만, '의사소통에는 양보다 질'이라고 강조한다. 우리는 SNS의 글을 보고 댓글로 안부를 전하며 수시로 온라인에 응답한다. 하지만 진심으로 공감하는 사람은 온라인의 댓글만이 아닌 현실 세계로 공감을 연결한다. 그리고 전화로 상대의 안위를 묻고 마음을 담아 질적으로 소통한다. 이는 온·오프라인을 넘나들며, 확장된 연결의 공감을 하는 것이다. 이처럼 높은 수준의 공감은 상대가 진실로 공감받는다고 느끼게 해, 끈끈한 관계로 이어지게 만든다. 우리는 디지털 세상 속 원활한 상호작용을 위해 진심을 전하는 방법을 모색함으로써 확장된 공감을 해야 한다.

이 밖에도 공감을 주는 것만이 아닌 공감을 받는 것도 중요하다. 상대가 주는 공감에 나는 어떻게 반응하고 받아들여야 하는지 다음 챕터를 통해 알아보자.

03
공감을 받다

공감을 받고 싶어 하는 우리의 모습을 통해
공감을 해석하고 공감을 요청한다.

공감받고 싶어 하는 우리의 욕구

F씨는 두 아이를 키우는 엄마다. 아이를 키우다 보니 운동할 시간도 없고 어느덧 인생 최대 몸무게를 찍었다. 아가씨 때에는 나름 날씬하고 예뻤는데, 아이를 낳고 불어난 체중에 속상하다. 요즘 엄마들은 다 날씬하고 아가씨 같은데, 통통 부은 자신의 모습을 보니 초라해진다. 속상한 마음에 맘카페에 글을 올려 본다. '요즘 엄마들은 왜 이리 날씬하고 예쁜가요? 아이들 등원시키는데 다른 엄마들 보니 진짜 아가씨 같네요. 저만 후덕하니 뚱ㅜ.ㅜ 오늘 제 몸무게를 보며 급 현타 오네요.' F씨의 글에 너도나도 할 것 없이 맘카페 엄마들은 공감의 댓글을 남긴다. '저도 많이 느껴요.', '공감합니다!', '저 못 보셨어요?' '저는 이번 생애 행복한 돼지로 살랍니다.' 등의 공감 댓글이 쏟아진다. 이 댓글을 보며 F씨는 자신만의 일이 아님을 생각하며 마음의 위안을 받는다.

SNS에는 종종 '현타'의 글이 올라온다. 현타는 사전적 의미로 '현실 자각 타임'을 줄여 쓰는 말로, 허황된 꿈과 상황에 젖어 있던 자신의 실제 상황을 깨닫게 되는 것을 의미한다. 다양한 내용의 현타가 담겨진 글은 헛헛한 자신의 마음만 표현한 것이 아니다. 글을 통해 상대에게 위로와 공감을 받고자 하는 내면의 마음을 표현한 것이다. 이해받고, 공감받고 싶어 하는 것은 인간의 자연스러운 욕구이다. 이러한 인간의 욕구는 동기(動機)로 이어지게 한다.

미국의 심리학자인 에이브러햄 매슬로(Abraham Maslow)는 인간에게 5가지 욕구가 있다고 정의한다. 이것은 매슬로의 욕구 단계 이론(Hierarchy of Needs Theory)으로 다음과 같다.

1단계는 생리적 욕구(Physiological Needs)이다. 이것은 인간의 가장 기본적인 단계로 의식주가 충족되어야 한다. 2단계는 안전의 욕구(Safety Needs)이다. 우리 인간은 신체적, 정서적 위협에서 벗어나 안전해야 한다. 3단계는 소속과 애정의 욕구(Belongingness and Love Needs)이다. 인간은 소속감을 느끼고 주위로부터 사랑받고 있음을 느끼고자 한다. 4단계는 존경의 욕구(Esteem Needs)이다. 이는 상대로부터 존중과 인정을 받고자 하는 것이다. 5단계는 자아실현의 욕구(Self-Actualization Needs)로 가장 높은 단계의 자기만족을 느끼는 단계이다. 이처럼 매슬로는 인간의 하위단계가 채워지면, 그다음 단계의 욕구를 충족하려 한다고 말한다.

매슬로의 욕구 단계에서 보듯이 우리는 사회적 관계를 맺으며, 이해받고, 인정받고 싶어 한다. 이것은 인간의 자연스러운 행동이다. 이를 충족하기 위해 우리는 끊임없이 노력한다. 공감을 받고자 하는 우리의 마음은 자연스러운 것이지 부끄러운 것이 아님을 기억하자.

공감받고 해석하는 우리의 관점

"상대에게 메시지를 보낸다. 곧이어 상대는 나의 메시지를 확인한다. 그러나 답이 없다."

이럴 때 당신이라면 어떤 생각을 하겠는가?
공감받고자 하는 우리는 상대가 보낸 신호에 따라 자신의 관점으로 세상을 해석한다. 관점은 사전적 의미로 사물이나 현상을 관찰할 때, 그 사람이 보고 생각하는 태도나 방향을 말한다. 이처럼 우리는 3가지 관점의 방향으로 세상을 바라보고 사고한다.

첫 번째, 피해자 관점의 시각이다. 모든 화살의 방향을 자신에게 쏘는 것이다. 상대가 바로 반응하지 않았다는 이유만으로 낮은 자존감을 보인다. 불확실성이 마음을 지배하기 때문이다. 이들은 '아무도 날 좋아하지 않아' 등의 부정적인 생각을 하며 내면의 불안감을 조성한다. 또한 소외됨을 두려워하고 피해의식에 사로잡혀 왜곡된 해석을 하게 한다.

두 번째, 가해자 관점의 시각이다. 모든 화살의 방향을 상대에게 쏘는 것이다. 곧바로 수신하지 않은 상대에게 '넌 항상 이런 식이야!', '넌 앞으로 국물도 없어'라며 상대를 비난하거나 지배하려 한다. 이들은 자신에게는 관대하지만, 상대에게는 인색함을 보인다. 그리고 지나치게 자신을 높게 평가하는 자만심으로 상대에게 상처를 준다.

세 번째, 해결자 관점의 시각이다. 객관적으로 바라보고 해석하는 것이다. 어느 쪽에도 화살을 쏘지 않고 제삼자의 입장으로 바라보고 사고한다. 상대방이 바로 반응하지 않은 것은 충분히 그럴 만한 이유가 있다고 받아들인다. 이들은 쉽게 감정에 휘둘리지 않는다. 상대의 입장을 고려함으로써, 괜한 오해와 추측을 하지 않는다. 결국 유연한 사고로 대처하며, 원만한 사회적 관계를 유지한다.

피해자   가해자   해결자

그림에서 보듯이, 우리는 어떠한 마음의 관점을 갖고, 해석하는지 생각해 보아야 한다. 피해자와 가해자의 왜곡된 관점이 아닌 해결자의 관점으로 공감을 인식할 때 우리는 건강한 삶을 유지할 수 있다.

신뢰에 따라 달라지는 공감 해석

G씨는 무척이나 갖고 싶었던 신발이 당첨되어 SNS에 글을 올린다. 그리고 자신의 글에 달린 댓글을 보다 '죽인다'라는 메시지를 확인한다. 과연 '죽인다'의 메시지는 누가 남겼을까?

SNS의 댓글은 상대가 누구인지에 따라 해석이 달라진다. 텍스트로 전해지는 이 댓글은 살인을 암시한다. 하지만 친분이 있고, 상호 간 신뢰가 쌓인 상대가 남긴 글이라면 어떨까? 그 의미는 '진짜 멋지네'를 격하게 표현한 것으로 인식하게 된다. 이러한 해석은 상대로부터 쌓인 신뢰가 있기에 가능한 것이다. 즉 모든 관계는 신뢰에 따라 공감받는 사람의 해석이 달라짐을 알 수 있다.

「성공하는 사람들의 7가지 습관」을 쓴 스티븐 코비(Stephen Covey) 박사는 모든 관계에 '감정은행 계좌'가 있다고 말한다. 우리는 은행에 계좌를 개설하고, 예입과 인출을 통해 잔고를 형성한다. 인간관계도 마찬가지이다. 상대를 처음 만나는 순간 우리는 상대에 대한 감정은행 계좌를 개설한다. 그리고 상대가 긍정적인 영향을 주면 플러스로, 부정적인 영향을 주면 마이너스로 예입과 인출을 통해 잔고를 형성한다. 이러한 감정은행 계좌는 사람과 사람 간의 신뢰 정도를 의미하며, 상대로부터 느끼는 안심감을 뜻하기도 한다[7].

상대에 대한 두둑한 플러스 잔고가 있는 경우, '죽인다'의 댓글은 상대가 격한 공감의 표현을 한 것으로 인식하게 된다. 반면에 상대에 대한 감정은행 계좌가 마이너스 잔고이거나, 낯선 이와의 소통이라면 그 댓글은 문자 그대로 받아들이게 된다. 이처럼 상호 간 높은 신뢰는 표현에 대한 오해를 줄여 줄 수 있다. 결국 온라인에서의 소통은 신뢰가 기반되어야 올바른 공감의 해석도 할 수 있음을 알아야 한다.

그 밖에 디지털 시대에 믿고 안심할 수 있는 신뢰는 우리의 관계영역을 확장시킨다. 중고 거래 플랫폼인 당근마켓에는 개인별 신뢰 등급인 '매너 온도' 제도가 있다. 이때 신규 가입자는 36.5도를 나타내는 파란색 매너 온도를 부여받는다. 이후 거래에 따라 칭찬과 거래 후기 등의 평가를 기반으로 매너 온도는 달라진다. 온라인 플랫폼의 매너 온도는 자신이 얼마나 좋은 사람인지 타인에게 보여 주는 척도가 되기도 한다. 이처럼 온라인에서의 신뢰는 상대에 대한 두려움과 불안감을 해소하고, 원활한 관계로 이어지게 한다. 신뢰에 따라 우리의 공감 해석이 달라지듯 온라인에서도 사회적 관계에 영향을 줄 수 있음을 알아야 한다.

받고 싶은 공감 요청하기

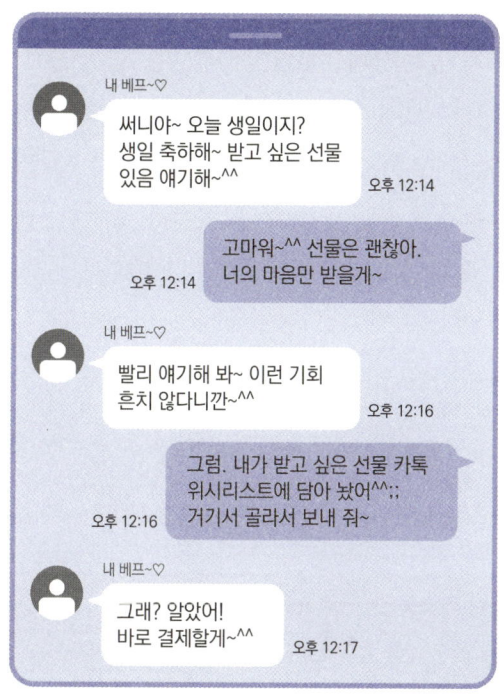

써니 씨는 며칠 전부터 받고 싶은 선물을 카카오톡 위시리스트에 담았다. 카카오톡 위시리스트(Wish List)는 말 그대로 내가 받고 싶은 것, 선호하는 것에 대한 구매 희망 목록을 상대에게 공유하는 기능이다. 위시리스트는 선물하는 사람의 고민을 덜어 주고, 선물 받는 사람의 취향을 맞춰 준다. 그 밖에 우리는 온라인 '기프티콘'이라는 모바일 교환권을 통해 선물을 주고받으며 마음을 나눈다. 이것은 디지털 시대에 흔히 볼 수 있는 선물의 방식이다.

디지털 시대에 받고 싶은 선물을 말하듯, 받고 싶은 공감을 자연스럽게 표현하는 것은 어떨까? 건국대 문화콘텐츠학과 정의준 교수는 SNS에 자신의 마음을 표현하고, 상대로부터 공감을 받으면 궁극적으로 행복감이 증진된다고 말한다. 이처럼 자신의 마음을 표현하고 상대로부터 공감을 받았을 때 우리의 마음은 행복으로 채워지는 것이다. 앞서 말했듯이 공감 받고자 하는 우리의 욕구는 자연스러운 것이다. 그러니 상대가 나를 공감하지 않는다면, 내가 먼저 상대에게 공감을 요청해 보는 것은 어떨까?

먼저, 원활한 공감 요청을 위해 잠시 '받고 싶은 공감 리스트'를 작성해 보도록 하자.

> **받고 싶은 공감 리스트**
> 1. 최근에 받고 싶은 공감의 말은 무엇인가요?
> 2. 누구에게 듣고 싶은가요?
> 3. 왜 그 말이 듣고 싶은가요?
> 4. 상대에게 어떤 방법으로, 받고 싶은 공감을 요청할까요?
> 5. 상대가 공감해 줄 때, 나는 어떻게 응답할까요?

받고 싶은 공감의 말은 무엇인지, 누구에게, 왜 듣고 싶은지 생각한다. 그리고 받고 싶은 공감을 상대에게 요청할 때, 어떤 방법으로 할지 모색한다. 직접적으로 말하거나, 간접적인 디지털 툴(메신저, SNS 등)을 활용해 표현할 수 있다. 이것은 상대에게 충분한 설명과 함께 정중하고 명확하게 의사전달을 해야 한다. 공감을 요청할 때 상대를 비난하거나 명령해서는 안 되며, 강요가 아닌 상대의 선택임을 알아야 한다. 마지막으로 상대가 공감해 줄 때 상대에게 감사를 표현해 본다.

공감받고자 하는 우리의 욕구는 자연스러운 것이다. 상대가 공감하지 않을 것 같다는 생각에 스스로 망설이고 있다면, 용기를 한번 내 보자! 일본 철학자 기시미 이치로(Kishimi Ichiro)는 "아무것도 하지 않으면, 아무 일도 일어나지 않는다."라고 말한다. 공감받고자 하는 자신의 마음을 표현하지 않으면, 아무런 공감도 받을 수 없다. 상대에게 직접 요청하기 어려우면, 받고 싶은 공감을 SNS 프로필에 기재해 보는 것도 좋은 방법이다.

04
더 나은 세상을 위한 공감

사회와 기업, 그리고 우리 개인의 공감 실천이
더 나은 세상을 만든다.

사회적 공감 챌린지 확산

H씨는 SNS에서 훈훈한 사연을 보게 된다. 가정 형편이 어려운 형제에게 무료로 치킨을 대접한 치킨집 사장님의 미담이다. 조용히 배달 앱을 켜서 해당 사연의 가게에 치킨을 주문한다. 그리고 메시지를 남긴다. '금방 주문했습니다. 지역이 달라서 치킨은 먹은 거로 하겠습니다. 작지만 돈쭐 내 드리고 싶습니다! 파이팅!!'. 그 후, H씨는 돈쭐난 치킨집 사장님이 전국 각지에서 모인 '돈쭐' 매출을 모아 기부하며 사회에 환원한 소식을 접하게 된다.

최근 온라인에서는 선순환 사회의 공감 챌린지가 선한 영향력을 펼치고 있다. 선행을 베풀었거나 억울하게 피해 본 가게를 일부러 소비해 주는 바이콧(Buycott)으로 2021년 '돈쭐 내기 챌린지'가 바로 그 예이다. 여기서 말하는 '돈쭐'은 '돈'과 '혼쭐'의 신조어로 정의로운 일을 하거나 사회적 본보기가 된 가게를 소비해 주자는 역설적 의미로 사용된다. 선순한 사회의 공감은 오프라인보다 온라인에서의 파급효과가 더 크다. '돈쭐 내기 챌린지' 외에도 코로나 19로 고생하는 의료진에게 감사의 마음을 전하는 '덕분에 챌린지'와 불필요한 일회용품을 줄이기 위한 '용기내 챌린지'는 사회적 공감에 대한 선한 영향력으로 나비 효과 이론과 비슷한 면을 보인다.

'나비 효과(Butterfly Effect)'란 미국 기상학자 로렌츠(Edward Lorenz)가 전파한 이론으로 나비의 작은 날갯짓이 날씨에 변화를 일으키듯 작은 미세한 변화가 엄청난 결과로 이어지게 한다는 것이다. 선한 마음과 마음이 연결되는 공감 챌린지는 우리의 삶을 풍요롭게 한다. 그리고 더 나은 방향으로 나아가게 한다. 앞으로도 선한 공감의 영향력은 우리 사회에 활력이 되고, 행복한 사회를 구현하는 데 원동력이 될 것이다.

기업의 리뷰 창 변화

우리의 삶은 코로나19 이후 배달 음식에 대한 수요가 늘었다. 2021년 8월 통계청 결과에 따르면 전년 동월 대비 배달 음식 2.4조 원 증가로 역대 최고치를 기록하고 있다[8]. 배달 음식을 주문하는 구매자들은 다른 이가 남긴 별점과 리뷰를 통해 구매를 결정하는 경우가 많다. 앱에서 제시하는 광고보다 리뷰에 관심을 두며 구매하는 것이다. '소비자 후기에 관한 영향력' 조사에 따르면 78.6%가 구매 시 후기를 확인하는 것으로 나타났다[9]. 이처럼 10명 중 7명 이상이 광고보다 후기를 더 신뢰하며 구매하는 것이다.

우리는 합리적 선택을 위해 타인의 경험에 의존하며 공감한다. 타인의 경험이 바탕이 된 리뷰는 자신이 경험하지 않아도 글의 내용을 보고 판단할 수 있는 공감 능력이 있기에 선택적 도움을 준다. 그러나 선택에 있어 영향을 미치는 별점과 리뷰가 누군가의 악의적인 글이나 조작된 평가였다면 어떨까? 선택의 오류가 생기는 것뿐만 아니라 이것은 소상공인에게도 엄청난 타격으로 다가온다. 그동안 별점과 짧은 코멘트 중심의 리뷰는 평가의 수단으로 이루어져 왔다. 이러한 별점 테러와 평가의 조작은 사회적 부작용을 만들기도 한다. 그래서 일부 플랫폼에서는 별점을 없애고, 키워드 리뷰 중심의 안전한 리뷰 문화를 조성하고 있다[10].

- 네이버 키워드 리뷰 이미지 -

이것은 별점 대신 이용자가 가게의 장점과 특징의 키워드를 골라 리뷰를 남기는 새로운 방식이다. 사회적 책임을 다하는 기업의 도전적 시도에 업계에서는 주목하고 있다. 이러한 시도는 소상공인과 사용자 모두가 만족할 수 있는 더 나은 세상을 위한 발걸음이 될 것이다.

공감은 더 나은 세상을 위한 변화에 동참하고 있다. 사회적 공감 챌린지와 기업의 리뷰 창 변화는 우리 사회를 긍정적으로 만든다. 기업과 사회가 더 나은 방향으로 나아갈 때, 우리 개인은 어떠한 공감을 실천해야 할까?

개인의 공감 실천

"공감은 타고나는 것이 아니라 배우고 익히는 습관이다."
- 정혜신 박사의 「당신이 옳다」 중에서 -

우리는 지금까지 공감이 어려워진 시대에 공감을 어떻게 주고받아야 하는지 알아보았다. 위드 코로나가 되었지만, 여전히 우리는 언택트 환경과 마주하며 디지털 세상과 소통하고 있다. 우리의 디지털 세상은 관계의 반경을 넓히고, 우리의 삶을 변화시켰지만, 그 안에서 몰려오는 관계의 강박과 고립으로 공감 갈증을 만들어 냈다. 공감 갈증의 해결은 바로 '나'로부터 시작이다. 내가 먼저 진실한 마음으로 소통하며 공감한다면 우리의 세상은 더 나은 방향으로 변화되지 않을까? 공감은 타고나는 것이 아니라 배우고 익혀 실천하는 것이다. 상대의 감정을 인식하고 이해하며, 반응할 때 공감은 더욱더 빛난다.

애리조나 주립대 엘리자베스 시걸 교수(Elizabeth A. Segal)는 공감이 더 나은 삶을 위한 완벽한 해답은 아니지만, 더 협조적이고, 안전하며, 성취감을 느끼며 사는 데 분명히 도움이 된다고 말한다[11]. 이처럼 공감은 우리 삶에 윤활유이자 활력소이다. 그렇기에 마음과 마음이 연결되는 개인의 공감 실천이 중요하다.

앞으로 디지털 세상이 이상적인 유토피아(Utopia)가 될지, 어두운 세상을 그리는 디스토피아(Dystopia)가 될지는 우리의 몫이다. 디지털 세상의 공감은 어떻게 활용되는지에 따라 누군가에게 득(得)이 될 수도, 독(毒)이 될 수도 있다. 이 점을 명심하며 앞으로 우리 개인의 올바른 공감 실천을 통해 더 나은 세상을 만들어 가 보자.

4
Chapter

관계 리부팅

사람이 사람과 소통하고 관계를 맺으려고 하는 것은 인간의 본성이다. 그리고 그 관계를 보다 더 밀접하게 하려고 노력한다. 특히, 디지털 매체의 발달은 사람의 관계를 더욱 빈번하고, 광범위하게 만들었다. 디지털 시대에서 인간관계가 왜 더 중요할 수밖에 없는지를 인지하고, 그에 따른 문제점을 살펴본다. 그리고 디지털 관계를 더욱 즐기기 위해서 더해야 하는 것과 준비해야 하는 것을 알아보자.

01

관계가
어려운 사람들

디지털 시대에 관계를 위한 도구와 매체가 많아졌음에도
불구하고, 왜 사람들은 관계를 어려워하는가?

함께 있지만 단절된 우리 사이

　대학생 A씨 가족이 오랜만에 모여 저녁 식사를 하고 있다. 그런데 단란하고 평화로워야 할 분위기가 다소 썰렁하고 어색하다. 요즘 재택근무를 하고 계신 아버지는 스마트폰으로 팀원들과 업무 협의에 한창이다. 집 근처 문화센터 노래 교실을 다니기 시작한 어머니는 동료 수강생들과 내일 먹을 점심 메뉴를 상의 중이다. 여동생 역시 친구들과 학교에서 있었던 이야기를 나누느라 손가락이 매우 분주하다. A씨 역시 게임 속에서 만난 사람들과 미션(퀘스트)을 수행하느라 매우 바쁘다.

　같은 공간에 있지만, 서로 다른 사람들과 연결되어 있다. 과연 이것이 A씨 가족들만의 문제일까? 인간은 사회적 동물이고, 태어나면서부터 죽을 때까지 무수한 관계 속에서 살아간다. 함께 있으면서도 끊임없이 또 다른 누군가와 함께하려 한다. 이러한 관계에 대한 본능은 많은 사람에게 적용된다. 나우앤서베이에서 2019년 직장인 920명을 대상으로 '성공에 가장 큰 걸림돌이 되는 것'에 대해 설문 조사를 한 결과 '인간관계'가 23.59%로 가장 많은 응답률을 보였다. 이어서 '인맥'이 16.41%로 그다음을 차지했다.[1] 이 결과만 보더라도 많은 사람이 인간관계에 있어 어려움을 겪고 있는 것을 알 수 있다.

이전의 관계를 위한 소통에는 직접적인 만남이 기본 전제였다. 그렇기 때문에 관계에는 절대적 시간과 노력이 필요했다. 현재는 수많은 디지털 매체의 발달로 사람들이 24시간 연결되어 있다. 과학 기술과 인간관계를 연구하는 학자인 셰리 터클(Sherry Turkle)은 그의 저서 「외로워지는 사람들」에서 디지털 시대 관계에 대해 이렇게 말한다. "요즘 관계에 있어 연결상태는 서로의 거리에 좌우되는 것이 아니라 사용 가능한 의사소통 기술의 거리에 좌우된다."라고 말이다. 물리적인 거리보다 디지털 매체의 활용 능력이 결국 관계에 중요한 역할을 한다는 것이다.

함께 있지만 단절된 우리 사이 정말 괜찮은 걸까?

영화 '접속'이 일상이 되어 버린 사회

1995년, 25살 B씨. B씨는 3년 전 기차여행 중 알게 된 대전에 거주하는 친구를 만나기 위해 서울역 앞에 나와 있다. 편지를 주고받으며 지냈고, 친구의 목소리를 듣기 위해 시간을 정해 친구의 집에 전화를 걸기도 했다. 그러다가 친구가 서울에 올 일이 생기면서 마침내 만남이 성사되었다. 기차 도착 시간이 다가오자 무척이나 떨리고 설렌다. B씨는 이런 경험이 처음이기 때문이다.

2022년, 25살 C씨. C씨는 오늘, 처음 보는 사람들과 조조 영화를 보고 헤어졌다. 영화를 함께 보는 소모임 커뮤니티 사람들이다. 영화를 보고 나오는 길에 친구에게 SNS 메시지를 보내 바로 점심 약속을 잡았다. 점심을 먹고 난 뒤에는 취업을 위한 스터디 모임에 참가한다. 이번이 첫 번째 모임인데 멤버가 괜찮기를 바랄 뿐이다. 이전 스터디에서 멤버들과 어울리지 못해 두 번만 참여하고 그만두었기 때문이다. C씨에게 새로운 누군가를 만나는 일은 매우 익숙한 일이다.

1997년에 개봉한 '접속'이라는 영화가 있다. 한 번도 만난 적 없는 사람과 감정을 나눈다는 것이 그 당시에는 무척이나 놀랍고 신선한 소재였다. 하지만 2022년의 C씨는 어떠한가? 그가 사는 세상은 1995년의 B씨와 다르다. 새로운 사람과의 만남이 매우 일상적이다. 인터넷의 발달과 스마트폰의 보급은 팬데믹이 더해진 상황에서 우리를 디지털 접속으로 이어지게 했다. 이처럼 디지털 세상에서 만난 사람들과의 관계를 우리는 '디지털 관계'라고 말한다. 사회가 변하고 기술이 발전하면서 관계 역시 달라지고 있다. 언론정보학자인 수원대학교 김유정 교수가 제시한 '사회 변화에 따른 관계의 특징'을 현재 상황에 맞게 수정 보완하여 아래와 같이 제시한다[2].

사회 변화에 따른 관계의 특징

구분	전통사회의 관계	대중사회의 관계	정보사회의 디지털 관계
개방성	- 폐쇄적	- 문화의 다양성 관련 개방적 - 공식적 조직에서는 폐쇄적	- 개방적
유대의 형태 및 정도	- 지역을 기반으로 한 강한 유대	- 지역 기반에서는 약한 유대 - 공식적 조직에서는 강한 유대	- 약한 유대의 활성화 - 네트워크의 확장
관계의 도구	- 면대면, 편지	+ 유선전화, 이메일	+ 휴대폰, 문자, 메신저 SNS, 화상TOOL 등

위 표의 내용을 살펴보면, 전통사회의 관계는 대면 만남이 기반이 되는 지역사회를 기준으로 폐쇄적인 관계로 형성되었다. 그러나 요즘은 네트워크의 확장으로 지역과 무관하게 개방적인 소통이 이루어지고 있다. 그리고 확장된 넓이만큼 유대감은 약해졌다. 스마트폰의 등장으로 PC와 전화기가 하던 일 대부분이 스마트폰으로 대체되고, SNS와 메신저 등의 다양한 매체로 인해 소통의 방식도 다양해졌다. 전통사회의 관계가 직접 만나는 대면의 관계라면, 디지털 관계는 서로 다른 공간에 있지만 같은 공간에 함께 있다는 상상의 관계를 만든다. 이와 동시에 시간에 따른 제약도 사라지면서 다양한 접근이 가능해진 것이다. 그만큼 매체별 특성이 주는 관계의 형태와 문제도 다양해졌다. '디지털 매체별 속성'을 정리하면 다음 표와 같다[2].

디지털 매체별 속성

매체	기본속성					
	동시성	빠른 속도	텍스트화	멀티접근	저장능력	편집기능
면대면	가능	가능	불가	가능	불가	불가
유선전화	가능	가능	불가	불가	불가	불가
편지	불가	불가	가능	불가	가능	불가
이메일	불가	가능	가능	가능	가능	가능
휴대폰통화	가능	가능	불가	불가	가능	불가
문자메시지	불가	가능	가능	가능	가능	가능
메신저	불가	가능	가능	가능	가능	가능
SNS	불가	가능	가능	가능	가능	가능
화상TOOL	가능	가능	가능	가능	가능	가능

표의 매체를 살펴보면 아래로 내려올수록 발전된 형태의 매체로 볼 수 있는데, 면대면의 기본속성과 함께 비교해 볼 필요가 있다. 점차 면대면에서 가능한 동시성, 빠른 속도, 멀티접근 등이 가능해지고, 심지어 면대면에서는 어려웠던 텍스트화, 저장능력, 편집기능까지도 활성화되었다. 시대가 변화할수록 대면과 비대면은 다양한 디지털 매체들로 보완되고 발전된다.

디지털 환경에서 발생하고 있는 관계의 문제

최근 '로맨스 스캠'(Romance Scam)이라는 사기 관련 뉴스를 쉽게 접할 수 있다. 로맨스 스캠은 SNS나 이메일 등 온라인으로 접근해 호감을 표시하고 신분, 재력, 외모 등으로 신뢰를 형성한 후 각종 이유로 금전을 요구하는 신종 사기 범죄다. 대다수 범죄자는 호감 가는 외모의 외국인으로 가장해 팔로우 신청을 한다. 이 계정에 올라오는 글이나 사진, 영상을 통해 사람들은 상대를 자연스럽게 신뢰하게 된다. 그리고 범죄자는 그 신뢰를 바탕으로 자연스럽게 관계를 형성하여 범죄를 저지른다. 사람이 가진 새로운 관계에 대한 욕구와 호기심을 이용하는 것이다. 문제는 이런 뉴스들을 자주 접하다 보면, 실제 좋은 의도로 오는 팔로우도 의심하게 된다는 것이다. 이전에는 관계의 범위가 사람과 사람의 연결로 이루어져 서로의 신뢰가 어느 정도는 보장되었다. 그러나 디지털이 발달하면서 관계의 범위는 넓고 다양해졌으나 신뢰는 낮아졌다.

또한 최근 외모지상주의나 스펙을 중시하는 사회적 현상이 두드러지며, 점차 많은 사람이 자신의 이상적인 정체성을 찾아 디지털 세상에서 또 다른 자아를 만들어 내기 시작했다. 결국 정체성의 혼란과 함께 또 다른 자아로 형성된 관계는 가상의 관계로만 남게 된다. 그리고 익명성이라는 보호 아래 더 자유롭고 편안한 소통을 하며 다양한 관계를 만들어 간다. 그러다 보니 예상치 못한 문제가 생겼다. 점차 실제 관계를 어려워하는 사람들이 많아지기 시작한 것이다.

아날로그 사회 속에 스며든 디지털 관계

디지털의 편리함은 관계의 새로운 대안으로 부상했다. 오프라인을 통한 관계(이하 '아날로그 관계')가 온라인으로 이어졌을 때 디지털은 관계 관리와 유지에 유용하게 쓰인다. 무엇보다 디지털은 오프라인에서 들여야 하는 시간과 비용을 단축해 준다[3]. 그러나 디지털의 편리함은 역으로 한정된 시간 안에서 누군가에게 쏟는 절대적인 집중력과 노력에 한계를 가져온다. 우리는 관계를 왜 맺는지에 대해 분명히 생각해야 한다. 인간(人間)은 한자어로 '사람 인(人)' 자와 '사이 간(間)' 자로 이루어져 있다. 관계는 혼자가 아닌 둘 이상의 상호작용으로 발생한다. 관계에서 상호작용은 한 사람의 행위가 다른 사람에게 영향을 미치는 관계 유형이라고 정의할 수 있다. 상호작용 속에서 우리는 생각과 감정을 나눈다. 인간관계는 결국 사람과 사람의 사이에서 나누고 채워감으로써 함께 성장해 나가는 것이다. "피할 수 없으면 즐겨라."라는 말이 있듯이 디지털 시대는 이제 더 이상 피할 수 없다. 디지털 관계에 이전 대면에서 경험했던 장점을 더한다면 더욱더 견고한 관계로 발전할 수 있지 않을까? 그리고 그를 위해서는 철저한 준비가 필요할 것이다.

때문에 복잡한 디지털 시대에서 관계를 Play하기 위해서는 아날로그를 Plus해야 하고, 무엇보다 Prepare가 필요하다.

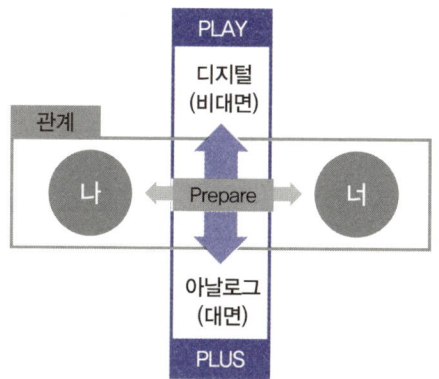

02

디지털 세상, 관계를 Play하라

디지털 세상에서 관계가 주는 긍정적인 영향을 살펴보고,
디지털 관계를 즐길 수 있는 방법을 알아보자.

피할 수 없다면 즐겨라

2010년대 초 전자책 보급이 활성화되면서 책 본래의 가치를 훼손시킬 것이라는 우려가 있었다. 더불어 종이책 소비의 감소로 독서에 대한 관심도가 떨어지며 전체적인 독서량 역시 줄어들 것이란 예측이 많았다. 그러나 문화체육관광부에서 실시한 '2019년 국민 독서실태 조사'에 따르면 성인 기준 독서량이 감소하기는 하였으나, 전자책 이용률이 증가하면서 책을 읽는 사람들의 독서 시간은 두 배로 증가하였다. 종이책의 경우 휴대성과 선택에 대한 제한이 있었다면, 전자책으로 옮겨 가면서 언제 어디서든 틈나는 시간에 내가 보고 싶은 책들을 자유롭게 선택하여 볼 수 있다는 장점이 크게 기여한 것으로 보인다.

디지털 매체 역시 마찬가지이다. 1990년대 중반에서 2000년대 초반에 태어난 Z세대들은 디지털 환경에서 자라 인터넷과 스마트폰이 익숙하다. 아날로그 시대에서 성장한 세대 역시 디지털 매체를 접하고 있지만, Z세대만큼의 온전한 이해는 쉽지 않을 것이다. 과거와 비교할 수 없는 속도로 디지털 기술은 빠르게 발전하고 또 다른 새로운 방식을 선택하고 있다. 사람들에게서 스마트폰을 빼앗고 인터넷을 지워 버릴 수 없다면, 이 변화의 흐름에 맞춘 '상식의 교체'가 필요하다[4]. 사람들은 이미 편리함과 많은 선택권에 적응이 되어 있고, 이러한 상식 교체의 흐름은 디지털 관계에도 적용된다.

내가 가진 상식을 바꾸는 일은 매우 어렵고 불편한 일이지만, 지금의 현실을 우리는 받아들이고 충분히 즐길 수 있어야 한다. 그렇다면 관계를 어떻게 즐길 수 있을까.

디지털 시대에서 관계를 P.L.A.Y하는 방법을 제안하고자 한다.

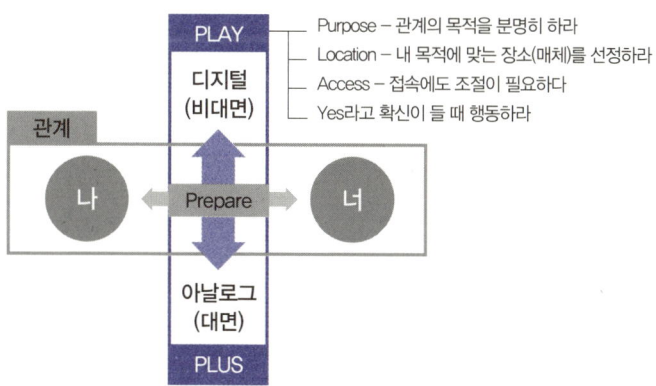

1. Purpose – 관계의 목적을 분명히 하라

혹시 당신은 소셜 미디어를 이용하고 있는가? 사용하고 있다면 몇 명의 팔로워를 보유하고 있는가? 소셜 미디어를 이용하다 보면 나도 모르게 팔로워 수에 집착하게 되는 경우가 있다. 줄어드는 숫자에 우울해지거나 한 명이라도 더 늘리기 위해 우리는 같이 팔로우하는 '맞팔'과 먼저 팔로우하는 '선팔' 같은 태그를 건다. 마치 게임의 미션을 수행하듯 숫자를 늘려 나가는 것이다. 그러다 어느 날 이 숫자 게임이 질리면 무의미한 숫자 늘리기를 그만둔다. 그리고 숫자에 불과했던 그 관계들 역시 그렇게 끊어져 버린다. 계명대학교 언론영상학 김병선 교수는 소셜 미디어의 계보 추적을 통해 소셜 미디어를 '이용자의 사회적 관계 유지 및 확장에 활용되는 미디어'로 정의하였다[5]. 디지털은 목적을 달성하는 수단이다. 디지털 자체가 목적이 되어서는 안 된다.

고려대학교 심리학 권정혜 교수는 '디지털 시대: 인간관계 패러다임의 변화' 연구를 통해 실제 부부들을 대상으로 SNS 역할에 대한 질적 연구를 하였다. 그 결과, 카카오톡을 통해 부부가 서로 다른 공간에 있을 때 자신의 일상이나 감정, 경험 등을 배우자와 실시간으로 공유하고 상호작용함으로써 같이 있다는 느낌을 받아 부부간의 연결감을 경험하는 것으로 나타났다. 긍정적인 정서 및 희석된 부정적인 정서를 교류함으로써 부부간에 애정과 정서적 교류가 활발해지는 것이다. 기존의 관계를 더욱이 빈번하게 하고 강화하는 수단으로 디지털 매체 활용은 강력한 힘을 발휘하기도 한다.

그렇기 때문에 목적을 분명히 하는 것은 매우 중요하다. 매체를 통해 관계를 어떻게 하고 싶은지 명확해지는 순간 불필요한 시간을 줄이고 명확하게 내가 해야 할 것들을 할 수 있다. 새로운 관계의 형성보다 기존 관계에 초점을 맞추고 싶다면, 숫자에 집착하지 않도록 한다. 그리고 현재 맺어진 관계의 일상에 관심을 두는 것이 훨씬 더 현명한 관계를 만들어 나갈 수 있다.

2. Location – 내 목적에 맞는 장소(매체)를 선정하라

'일촌 신청', '일촌평', '도토리', '방명록', '미니홈피'…

이 단어들을 듣고 떠오른 소셜 미디어가 있는가? 바로 2000년대 국내 소셜 네트워크에서 압도적으로 인기를 끌었던 '싸이월드'이다. 싸이월드는 팔로우, 팔로워의 개념을 일촌이라는 설정에 맞추어 디지털 관계를 보다 아날로그적인 감성으로 연결하려 노력했다. 1인이 한 개의 미니홈피만을 개설할 수 있는 것과 실명제로 운영되었던 점이 그러하다. 실제 아날로그 관계를 디지털로 연결하고자 했던 싸이월드 자체의 목적이 뚜렷했고 소셜 미디어가 다양하지 않았기 때문에 이용자들이 덜 혼란스러울 수 있었다.

이후 싸이월드, 블로그를 시작으로 소셜 미디어가 계속 진화해 트위터, 페이스북, 인스타그램 등 새로운 매체들이 등장하기 시작했다. Global digital statistics의 통계자료에 따르면 2014년 기준, 대표적인 소셜 미디어인 페이스북 이용자 수 12억 명, 트위터 이용자 수 약 2억 3천 명 등 전 세계 약 30억 인구가 소셜 미디어 네트워크에 연결되어 있으며, 그 수는 꾸준히 증가하고 있다. 사람들은 매체를 가지고 어떤 일을 할 수 있을지 기능에 초점을 두기보다는 유행을 따라가듯 매체를 옮겨 갔다. 많은 사람은 싸이월드를 시작으로 여러 매체를 사용하다 멈추기를 반복하였다. 더불어 그 매체들로부터 시작된 관계 역시 매체의 사용량이 줄면 함께 멈추게 된다. 각 매체를 이용하는 목적과 매체별 고유의 특성을 고려하지 않고 유행을 좇았기 때문이다.

페이스북이나 인스타그램은 이용자의 정보를 바탕으로 이용자가 알 수도 있는 친구들을 지속해서 추천해 주어 물리적인 인적 네트워크 확장을 가능하게 한다. 더불어 기존 관계를 계속해서 연결해 나갈 수 있다. 이러한 기능을 중심으로 봤을 때, 이용자들 간의 상호적 관계를 목적으로 한 관계 맺기의 과정을 자동화한 것이라 볼 수 있다[6]. 반면에 트위터는 사회적 친분을 확대하는 것이 주목적이 아니라 팔로워를 늘림으로써 이용자의 사회적 영향력을 높이는 데 주로 활용된다. 사회적 관계 유지보다는 내가 가진 영향력을 증폭시키는 데 효과적이다. 간단하게 매체별 특징을 정리해 보면 다음과 같다.

매체	매체별 종류	이용 방법	소통방법
검색엔진	네이버, 구글 등	검색	일방향
SNS커뮤니티	페이스북, 인스타그램, 트위터 등	개인의 이미지와 글을 통한 정보와 개인의 일상 공유	쌍방향
개인방송 플랫폼	유튜브, 아프리카 tv 등	영상 업로드 및 라이브 방송 진행	일방향, 쌍방향
화상회의	ZOOM, webex 등	실시간 접속을 통한 비대면 회의	쌍방향

이처럼 각각의 매체가 가진 특성을 이해하고 내가 사용하고자 하는 목적에 따라 잘 활용해야 한다. 중요한 것은 소셜 미디어 그 자체가 아니라 '어떤 소셜 미디어 매체를 활용할 것인가'이다. 그래야 디지털 매체로 이어진 관계를 꾸준하게 잘 이어나갈 수 있다.

3. Access – 접속에도 조절이 필요하다

아침에 일어나서 가장 먼저 하는 일이 무엇인지 한번 생각해 보자.

1. 세수하기
2. 물 한 잔 마시기
3. 스마트폰으로 간밤에 도착한 메시지 확인하기

스마트폰이 발명되기 이전에는 많은 사람이 1번과 2번을 선택했을 것이다. 아침을 온전히 나를 위해 시작하는 것이다. 그러나 3번을 선택하였다면, 관계의 연결상태를 확인하는 것으로 하루를 시작하는 것이라 볼 수 있다. '관계중독'이라는 말이 있다. 끊임없이 친밀한 관계를 맺을 누군가를 찾고 그 관계에 병적으로 몰두하는 것을 이야기한다. 디지털 매체를 통한 소셜 미디어의 사용이 활발해지면서 '디지털 관계중독'이라는 개념이 생겨났다. 예를 들어, 스마트폰을 사용하지 못하는 상황에서 불안하고 초조한 감정을 많이 느끼게 되는 경우가 있다. 이때 약속된 누군가와 연락이 어려워서 느끼는 감정이 아니라, 혹시라도 오는 (약속돼 있지 않은) 연락을 받지 못하거나 소셜 미디어를 확인하지 못해서 생기는 감정이라면 디지털 관계중독을 의심해 볼 만하다. 한국중독학회에서 발표한 'SNS 중독 체크리스트'를 통해 나의 '디지털 관계중독'을 확인해 보자.

문항	점수
1. SNS를 사용하거나, 사용을 계획하는 데 상당한 시간을 보낸다.	
2. 하루 중 총 30분 이상을 SNS만을 이용하는 데 집중한다.	
3. SNS 때문에 본업, 학업, 가정에 소홀한 적이 있다.	
4. 중요한 업무 중에도 종종 SNS의 업데이트 글을 떠올린다.	
5. SNS를 이용할 수 없을 때, 초조, 불안, 짜증을 느낀다.	
6. SNS상의 나 혹은 내 글에 대한 반응을 수시로 확인하고 싶다.	
7. SNS에서 타인이 올린 글이나 댓글에 필요 이상 흥분한 적이 있다.	
8. 개인적인 문제를 잊기 위해 SNS를 이용하곤 한다.	
9. SNS 이용 중단을 시도했으나 실패한 적이 있다.	
10. SNS 이용 시간을 조절하는 데 어려움이 있다.	

> **진단:** 각 문항에 대해 '전혀 그렇지 않다' 1점, '때때로 그렇다' 2점, '보통이다' 3점, '자주 그렇다' 4점, '항상 그렇다' 5점

총점	응답결과에 대한 진단	처방
36점 이상	중독단계. 하루 중 사용 시간을 정하는 등 과몰입에 주의	전문가 상담 필요
31~35점	가벼운 중독. 스스로 사용 시간을 자각하지 못하는 단계	일정한 사용시간 준수
26~30점	업무 지장 적으나 조만간 중독될 가능성이 있음	업무 중 접속 피하기
25점 이하	안심해도 되는 단계. 본인이 적절히 시간 조절할 수 있음	정상

SNS를 기준으로 정리된 체크리스트이기 때문에 명확히 관계중독을 진단하는 것은 아니다. 하지만 메신저를 포함한 디지털 매체로 적용해 체크하더라도 내가 어느 정도 디지털 관계중독에 빠져있는가를 확인할 수 있다.

스마트폰 덕분에 디지털 매체를 24시간 이용하게 됨으로써 우리는 더욱더 빠른 관심과 반응을 당연하게 생각하게 되었다. 상대로부터의 답이 조금이라도 늦게 되면 답답함을 느끼며 그 상황 자체를 이해하지 못하기도 한다. 그리고 더 나아가 관계를 의심하기에 이른다. 관계를 이어 주는 수단 때문에 오히려 관계에 문제가 생긴다. 모든 관계에는 적당한 거리가 필요하다. 적당한 거리감은 어떻게 만들 수 있을까? 디지털 매체를 사용하지 않는 것이 좋을까? 대답은 당연히 'No'다. 무조건 제한을 주는 것이

아니라, 접근성을 조절해야 한다.

첫 번째, 알림설정을 끄거나 무음으로 설정한다. 알림이 울리면 자연스럽게 확인하고 싶어지고, 한 번 두 번의 확인이 결국 다시 스마트폰과의 연결로 이어지게 된다. 알림설정을 끄면 그만큼 스마트폰을 손에서 놓을 수 있는 환경이 형성될 수 있다.

두 번째, 메시지나 댓글 등 반응을 하는 루틴을 설정한다. 예를 들어, 출퇴근 시간 중에 반응하는 루틴을 만들어 상대에게도 루틴을 인식시키면, 관계에서 서로가 배려하는 적당한 룰이 형성될 수 있다.

세 번째, 댓글을 다는 대신 실제 만나는 약속을 잡고, 만나는 순간만큼은 상대에게 집중한다.

스마트폰을 무조건 사용하지 않을 수는 없다. 다만 덜 사용하고 실질적인 관계에 집중할 수 있는 방법을 모색해야 한다.

4. 'Yes'라고 확신이 들 때 행동하라

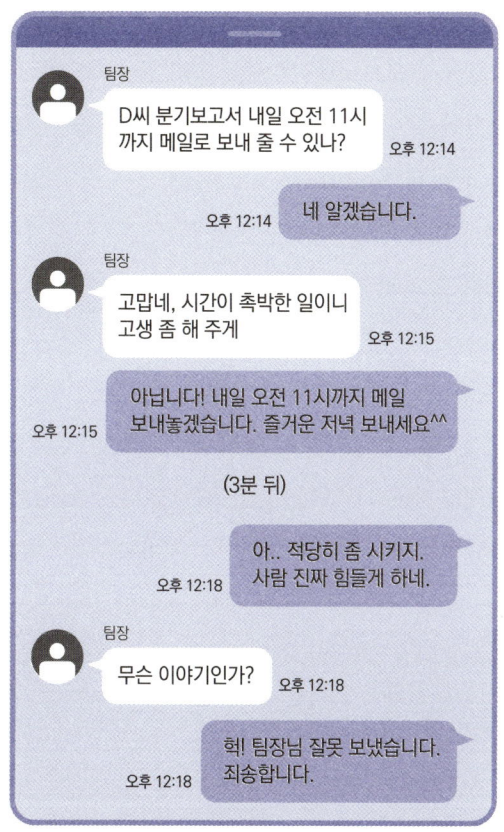

　직장인 D씨는 재택근무 때문에 메신저 앱을 통해 업무 지시를 많이 주고받고 있다. 시도 때도 없이 오는 팀장의 업무 요구 때문에 많은 스트레스를 받고 있던 D씨는 친구에게 푸념의 메시지를 보냈다. 그러나 항상 문제는 꼭 이럴 때 발생한다. 아뿔싸! 친구에게 보내야 할 메시지를 팀장님에게 잘못 보내 버렸다. 뒷수습하려 노력하지만, 이미 관계는 돌이킬 수 없다.

앞서 이야기했듯이 관계의 편리성을 위해 만들어진 도구가 요즘에는 관계를 더 어렵게 만들기도 한다는 것을 우리는 경험을 통해 잘 알고 있다. 너무 많은 메신저 대화로 메시지를 잘못 보낸다든가, 전날 술 마시고 적었던 소셜미디어 글이 다음 날 문제가 되어 돌아오기도 한다. 더 나아가 디지털의 특징인 익명성이라는 보호 아래 아무 생각 없이 달았던 댓글로 누군가는 큰 상처를 받는다. 아날로그 관계에서는 발생하지 않았을 일들이 디지털 관계로 옮겨지면서 발생하는 것이다. 편리성은 그만큼 행동을 덜 신중하게 만든다. 때문에 오히려 디지털 관계에서는 어떠한 행동을 취하기 전에 'Yes' 해도 되는지 한번 더 점검하고 행동해야 한다.

디지털에서 대화하기 전 아래 리스트에 모두 Yes라고 답할 수 있는지 확인해 보자.

1. 대화하고자 하는 수신자가 맞는가?
2. 내가 실수로 글을 올리더라도 상처받을 사람이 없는가?
3. 내용에서 오해가 있을 만한 문구나 단어는 없는가?

03
아날로그에 디지털을 Plus하라

관계에 있어 아날로그와 디지털이 함께 공존하고,
관계를 더욱 견고하게 만들 수 있는 방법을 알아보자.

공존은 현명한 관계를 만든다

국제학술지 「성격 및 사회심리학지」에 실린 한 연구에 의하면 소속 욕구, 즉 사람들과 좋은 관계를 맺고 사랑받고 싶어 하는 욕구에는 크게 두 가지 종류가 있다.

하나는 성장지향(Growth Orientation)으로 상대방에게 관심이 가고 상대방에 대해 더 자세히 알고 싶어서, 좋은 관계를 통해 함께 성장하고 싶어서 사람들에게 다가가는 경우이다. 다른 하나는 결핍감소지향(Deficit-reduction Orientation)으로 무엇보다 나의 외로움과 공허함을 메꾸기 위해, 혼자가 되는 것이 싫어서 관계를 맺는 경우이다. 즉 관계를 시작하는 이유와 목적이 서로 다른 것이다.[7)]

"학교에서 친구들이랑 대화가 안 된단 말이야."

무던한 성격을 가지고 있던 E씨는 어릴 적 사람과의 관계에서 어려움을 겪은 적이 없었다. 그러던 어느 날 관계에서 문제를 느끼기 시작하였는데, 바로 휴대전화가 생겨나기 시작하고 나서였다. 처음에는 가지고 있는 친구들이 별로 없었기에 큰 불편함을 느끼지 못하였는데 문제는 점차 많은 친구가 휴대전화를 구매하고 나서부터 발생했다. 등교하면 전날 저녁 이미 친구들 사이에 많은 대화가 오간 상태였고, 더는 그 대화에 참여가 어려워졌다. 결국 E씨는 부모님을 졸라 휴대전화를 구매하게 되었다.

E씨의 사례처럼 1990년대 중반 휴대전화가 보급되기 시작했던 시절에는 휴대전화가 주는 '편리함'보다는 휴대전화가 없기 때문에 생기는 '관계의 불편함' 때문에 구매를 하는 경우가 많았다. 많은 사람의 관계 방식이 결핍감소지향에 있고, 서로 끊임없이 이어지기를 갈망하는 것이다. 그리고 그 갈망에 있어 디지털은 그 욕구를 해소해 줄 수 있는 가장 훌륭한 도구이다.

관계에 있어 친밀감은 동시에 사생활 보호를 요구하게 된다. 사생활 보호 없는 친밀감은 그 의미를 다시 재정의해야 한다. '분리'의 개념은 매우 중요하다. 아날로그적인 일상 속에서 디지털은 이제 뗄 수 없는 관계가 되었다. 그렇다면 관계의 '분리'가 어려워진 상황에서 어떻게 '공존'할 것인가를 현명하게 생각해야 한다.

아날로그 관계에서 더욱더 성장 지향적인 관계를 위해 디지털을 P.L.U.S하는 방법을 제안하고자 한다.

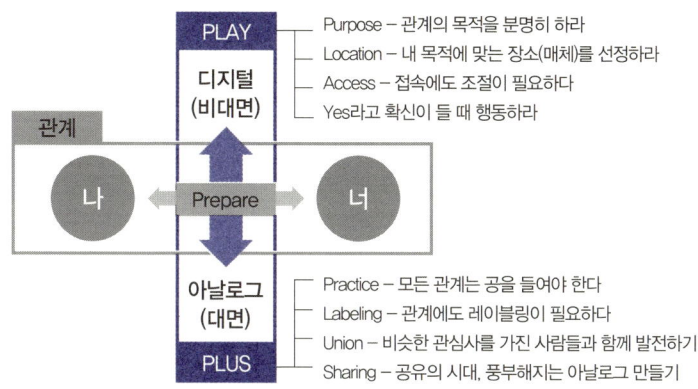

1. Practice - 모든 관계는 공을 들여야 한다

 최근 업무 과부하로 너무 피곤한 상태라 조금 쉬고 싶은 주말 아침. 몇 주 전부터 잡혀 있던 약속이 있다. 이 약속을 다음으로 미루고 쉴까 말까 고민하던 찰나에 상대로부터 '오늘 만나기 어려울 것 같다'는 메시지가 도착한다. 오늘 만나지 못해 아쉬운 듯 답장을 보내지만, 기쁜 마음으로 다시 침대로 쓰러진다.

 누구나 이러한 경험을 한 적이 있을 것이다. 혼자의 시간과 함께하는 시간 속에서 매번 갈등하고 고민한다. 때로 함께하는 시간보다 혼자의 시간을 더 기꺼이 받아들이는 것은 관계에는 큰 노력과 시간이 쓰이기 때문이다. 그리고 이것은 관계를 시작하거나 유지하기 어려운 이유이기도 하다.

아날로그 관계에서 한 명의 사람과 관계를 맺기 위해서는 만남을 위한 충분한 대화가 필요하며, 그 만남을 위해 준비하고 이동하는 노력도 함께 행해진다. 그리고 함께 있는 내내 온전히 그에게 집중해야 하므로 내가 해야 할 일들은 자연스럽게 헤어진 뒤로 미뤄지게 된다. 그런 이유로 많은 사람이 디지털 관계에 더 편안함을 느낀다. 큰 공을 들이지 않고 집에 편안하게 누워서 손가락 하나로 관계를 쉽게 맺고, 쉽게 끊는다. 실제로 SNS에 포스팅을 며칠만 하지 않아도 팔로워의 수가 급격히 줄어드는 현상을 빈번하게 목격할 수 있다. 그리고 쉽게 맺은 관계인 만큼 크게 생각하지 않는다. 점차 우리는 관계를 맺고 끊는 것에 무뎌져 간다.

디지털이 발전하면서 아날로그와 디지털 관계의 경계가 무너졌다. 우리는 이전보다 모든 관계를 더욱 쉽고 편안하게 유지할 수 있게 되었다. 그러나 우리가 주의해야 할 점은 인연은 우연으로 시작되지만, 어떤 인연이든 지속적인 노력 없이는 이어지기 어렵다는 것이다. 모든 관계에는 공을 들여야 하고, 의식적으로 발전을 위해 노력할 때 관계는 진화한다.

1) 먼저 안부 인사하기

우리가 가지고 있는 수많은 연락처와 SNS상의 관계들을 살펴보면, 이전에는 자주 만남을 가져왔지만, 시간이 지나면서, 연결만 되어 있고 실제로는 단절된 관계들이 있다. 그리고 시간이 지나면 지날수록 다시 관계를 이어나가기란 쉽지 않다. 그리고 이런 관계들은 언젠간 쉽게 끊어질 수 있다. 계속 이어 나가고 싶은 관계라면 "잘 지내니?"라고 먼저 안부를 물어보자. 상대도 어쩌면 인사를 망설이고 있었을지 모른다.

2) 작은 관심이라도 표현하기

의식적인 노력 가운데 하나는 작은 관심을 표현하는 것이다. SNS의 소식을 보고 먼저 전화를 걸어 상황에 대해 대화를 나눌 수도 있고, 애정이 담긴 이모티콘을 가지고 문자를 보낼 수도 있다. 생일이라면 작은 선물과 함께 축하 메시지를 보낼 수도 있다. 이런 애정과 관심 표현은 많은 돈과 시간을 들이지 않고도 관계에 있어 큰 효과를 가져올 수 있다.[8]

우리가 하는 가장 큰 착각 중 하나는 관계에 있어 우리가 대단한 것들을 해 주었을 때 상대가 감동하고 고마워하리라는 것이다. 그러나 생각해 보면, 우리는 생각보다 작지만 꾸준한 것에 고마움을 느끼고 감동한다. 꾸준한 것이 얼마나 큰 노력이 들어가고 쉽지 않은지 잘 알고 있기 때문이다.

2. Labeling - 관계에도 레이블링이 필요하다

내 스마트폰 속 저장되어 있는 연락처의 개수가 몇 개인지 확인해 보자. 그리고 그중 실제로 내가 한 달에 한 번 이상 연락하는 사람은 몇 명이나 되는가?

옥스퍼드 대학교 교수인 문화 인류학자 로빈 던바(Robin Dunbar)는 아무리 발이 넓은 사람이라도 진정한 사회적 관계를 맺는 사람은 150명에 불과하다는 '던바의 법칙'(Dunbar's number)을 주장했다. 여기서 이야기하는 진정한 사회적 관계의 기준을 던바 교수는 1년에 한 번 이상 연락하거나 안부를 묻는 사이로 정하였다. 로빈 던바의 연구 결과 중 한 가지 더 주목할

점은 "뇌의 사이즈는 신체에서 2%에 불과하지만, 사람을 만날 때 뇌는 신체 에너지의 20%를 소비한다. 여기에 대화까지 한다면 에너지 소모는 훨씬 늘어난다."는 것이다. 우리가 관계에 소모할 수 있는 에너지는 한정적이다. 그러나 디지털 관계에서 내가 만나는 인맥의 수는 관계 에너지의 한계치를 넘어서는 경우가 많다. 그렇게 관계 에너지 번아웃이 오는 경우가 많아지면서 기존에 있는 관계조차 단절해 버리기도 한다. 관계 에너지 번아웃이 되지 않기 위해서는 관계에도 레이블링(Labeling)이 필요하다.

레이블링은 라벨(Label)을 붙이는 작업을 의미한다. 최근 많은 사람들 사이에서 '레이블링 게임'이라는 것이 유행하기 시작했다. 레이블링 게임이란, 자기 정체성을 게임 캐릭터처럼 특정한 유형으로 딱지(Label)를 붙인 뒤, 해당 유형의 라이프스타일을 동조하고 추종함으로써 불확실한 정체성을 해소하는 것을 말한다.[9] 관계에서 사람을 구분하고 나누는 일은 분명 예민한 문제이다. 그러나 불명확한 것을 분류하고 정리하는 것은 레이블링 게임처럼 불확실한 것에 가이드를 만들어 줌으로써 에너지를 덜 사용할 수 있다. 여기서 이야기하는 관계 레이블링이란 사람을 구분하여 등급을 나누는 의미가 아닌 내가 가지고 있는 관계 에너지를 현명하게 사용하기 위한 방법으로 제안하고자 한다.

1) 관계에 대한 명확한 기준 세우기

레이블링할 때에는 '어떠한 기준'을 가졌는지가 우선시된다. 음식에 들어가는 양념에서는 양념의 종류를 기준으로 삼을 것이다. 또한 기사를 레이블링할 때에는 기사의 주제를 기준으로 삼을 수도 있고, 기사를 쓴 기자를 기준으로 분류할 수도 있다. 이처럼 관계에 있어서 '만난 횟수', '연락의 빈도수', '업무적 연결', '관심사' 혹은 단순한 'SNS 관계' 등 내가 어떠한 관계를 많이 맺고 있는지 기준을 세우고 분류를 해 보았을 때, 내가 어떤 관계를 주로 맺고 있는지 확인해 볼 수 있다.

2) 레이블링에 따라 관심의 표현 다르게 하기

우리는 하루에도 수많은 스팸(Spam) 문자를 받는다. 스팸 문자는 불특정 다수에게 무차별적으로 발송하는 홍보 목적의 문자를 이야기한다. 그러나 실제 스팸 문자가 아님에도 스팸으로 오해받는 경우가 있는데, 바로 모두에게 보낸 단체 문자이다. 사람들은 누구나 관심받기를 원하고 그것은 공통된 관심이 아닌 바로 '나'에 대한 관심이다. 그리고 사람마다 관심의 표현 방식은 다 다르다. 문자보다는 '전화 통화'를 했을 때 관심받고 있다고 느끼는 사람들이 있고, 잦은 전화보다는 한 번의 '만남'이 더 효과적인 사람들도 있다. 내가 편한 방식이 아닌 상대가 마음을 더 느낄 수 있는 방법으로 관심을 표현해 주는 것이 효과적이다. 관심을 표현하는 방법에 따른 레이블링은 더욱 견고한 관계를 만들어 줄 수 있다.

3) 레이블링에 따라 관계 에너지 쏟기

관계의 에너지는 한정적인데, 맺어진 관계의 폭은 넓어지면서 불필요한 곳에 에너지가 소모되는 경우도 많아졌다. 가령, SNS 외에 한 번도 만난 적 없는 누군가의 한마디에 내내 신경 쓰고 고민을 하거나, 상처를 받는다. 그들이 어떠한 악의나 목적을 가지고 하는 것이 아닌 것을 알면서도 나의 모든 관계 에너지를 그들에게 쏟고, 결국 내가 진짜 맺어야 하는 관계에서는 에너지를 쏟지 못한 채 모든 관계를 단절시켜 버리기도 한다. 관계 레이블링에서 가장 중요한 것은 내가 굳이 관계 에너지를 다 쏟지 않아도 되는 관계들을 분류하는 것이다. 관계를 구분 지어서 맺으라는 것이 아니라 상대의 조언에 내가 진지하게 고민하고 받아들여야 할 관계와 가볍게 웃어 넘길 수 있는 관계로 레이블링을 하는 것이다. 모든 관계에 에너지를 사용할 수는 없다. 그러므로, 상대가 노력하지 않는 관계에서 홀로 상처받을 필요도 없다.

3. Union - 비슷한 관심사를 가진 사람들과 함께 발전하기

격투기 선수 F씨는 어릴 적부터 운동을 해 왔기 때문에 주변에 대다수의 친구가 운동선수였다. 최근 소모임을 운영할 수 있는 앱을 알게 된 F씨는 관심사인 흑인음악을 좋아하는 사람들이 모일 수 있는 모임을 열어 운영하였다. '과연 모르는 사람들과 관계를 잘 맺을 수 있을까' 염려했지만, 실제 서로가 좋아하는 음악들을 공유하며, 온라인상에서 쉽게 라포 형성이 되었다. 그리고 마침내 오프라인 모임이 진행되었을 때 처음 만난 것이라는 어색함도 없이 금방 어울리며 좋은 분위기가 만들어졌다. F씨는 이 모임 안에서 정말 마음이 잘 맞는 친구들을 만났다. 그리고 관심사를 중심으로 많은 정보를 공유하면서 자신의 삶이 풍요롭고 발전적으로 변했다고 말했다.

유튜브를 보다 보면 내가 이전에 보았던 영상들을 토대로 알고리즘이 형성된다. 그리고 내가 주로 보는 관심사의 영상을 추천해 주어 밤새 영상을 보다 잠이 들기도 한다. 사람과 사람 간의 신뢰를 형성하는 데 있어 가장 중요한 것 중 하나가 바로 '공통점'이라고 한다. 우리가 흔히 이야기하는 '혈연', '지연', '학연'이 바로 서로 간의 공통점 요소를 가장 쉽게 만들어 내는 것인데 이것이 비단 우리나라만의 특징으로 여겨지지는 않는다. 전 세계 어디에서나 이 상황은 쉽게 거론된다. 해외여행을 하는 중에도 마찬가지다. 누군가에게 사진찍기를 부탁할 때에는 가급적 한국 사람에게 부탁한다. 한국 사람이 없다면 동양사람에게 부탁할 가능성이 더 높다. 그 상대가 어떤 사람인지는 모르지만, 같은 나라 사람이고 같은 언어를 쓴다는 공통점, 혹은 같은 문화권에 있다는 공통점 때문에 더욱 신뢰할 수 있기 때문이다. 같은 관심사는 서로 간의 유대감을 견고하게 해 준다. 아날로그 시대에는 같은 관심사를 가진 사람들의 모임 활동이 한정적이었다. 그러나 현재는 다르다. 같은 관심사에 따라 정보를 공유하고 소통하는 여러 채널이 생겨났다.

디지털 세상에서 많은 관계를 쉽게 맺을 수 있다면, 그 관계를 어떻게 발전적으로 만들어 나갈 수 있을까는 결국 나의 몫이다. 단순히 '좋아요'와 '댓글'을 주고받는 관계도 좋지만, 함께 성장하는 관계를 만들어 보는 것도 좋지 않을까?

4. Sharing - 공유의 시대, 풍부해지는 아날로그 만들기

어릴 적 배달음식을 먹기 위해 모아 두었던 전단을 찾아 고민해 본 적이 있다. 이전에 먹어 본 기억을 더듬거나, 새로 생긴 식당의 경우에는 전단에 적힌 멘트와 메뉴 사진만으로 판단하여 배달을 시켜야 했다. 그러나 지금은 어떠한가. 배달 앱을 통해 사람들의 평점과 넘쳐 나는 후기를 읽고 고를 수 있다. 정보와 지식이 넘쳐 나는 시대에서 우리는 어떤 정보를 신뢰하고 믿어야 하는지 알기 어렵다. 그렇기 때문에 경험의 공유는 더 현명하게 많은 것들을 판단할 수 있게 만들어 준다.

디지털 시대에서 공유는 점차 이전보다 더 중요하다. 관계의 시작에 있어 '공통점'이 중요한 요소라면, 관계를 형성하는 과정에서는 '공유'하는 것이 매우 중요하다. 공유(共有)는 한자어로 '한가지 공(共)'과 '있을 유(有)'가 만나 '공동으로 소유하는 것'을 뜻한다. 관계라고 하는 것이 둘 이상의 사람이 맺어지는 것처럼 그 맺어짐에는 함께 공유하는 것이 생긴다. 물건을 공유할 수도 있고 지식, 혹은 일상을 공유할 수도 있다. 관계의 깊이는 '얼마나 많은 것을 함께 공유하느냐'에 따라 결정이 되기도 한다.

취업 준비생인 G씨는 비대면 화상으로 운영되고 있는 스터디 모임에 참여하게 되었다. 이전에 참석했던 스터디는 같은 학교의 친구들이 모여 많은 힘이 되었으나 경험의 범위가 비슷했기 때문에 많은 노하우를 체득하기는 어려웠다. 그러나 이번 모임은 비대면으로 다양한 지역에서 여러 취업 경험을 가진 사람들과 함께 스터디에 참여할 수 있었다. 그리고 더욱더 많은 경험을 공유받은 덕분에 원하는 기업에 취업할 수 있었다. G씨는 현재 후배 스터디 그룹원들에게 본인의 경험을 공유하며 돕고 있다.

아날로그 관계에서 다양한 분야와 다양한 경험의 사람들을 만나 공유하기 위해서는 많은 시간과 노력 그리고 비용이 필요하다. 하지만 디지털에서는 쉽게 많은 것을 공유하고 공유받을 수 있다. 그리고 이렇게 형성된 관계는 더욱 견고해질 수 있다. 가장 중요한 것은 공유의 시작은 '내가 먼저' 하는 것이다.

04
비대면이 대면이 되는 세상, 관계에도 Prepare가 필요하다

끊임없이 변화하는 세상에서 우리는 관계를 위한
준비가 필요하다.

누구나 윌슨 하나쯤은 가지고 있다

2001년에 개봉한 영화 '캐스트 어웨이'에서 주인공 척 놀랜드(톰 행크스)는 비행기 사고로 무인도에 혼자 지내게 된다. 고독한 외로움에 지쳐갈 때쯤 우연히 가지고 있던 배구공에 찍힌 손의 핏자국이 마치 사람 얼굴과 비슷함을 깨닫는다. 배구공에 윌슨이라는 이름을 지어 주고, 그에게 수많은 이야기를 건네며 견뎌 낸다. 그리고 우리는 그 모습을 보며 공감한다. 모 예능 프로그램에서도 바로 이 윌슨이 등장한다. 혼자 사는 유명인들에게 윌슨이 배구공 대신에 곰 인형으로 등장하는 것이다.

캐스트 어웨이에서 윌슨은 무인도에서 혼자 오랜 시간을 보내 관계가 간절했던 척 놀랜드에겐 필수적인 존재였다. 하지만, 현대 시대에서의 윌슨은 조금 다른 의미로 해석할 수 있다. 24시간을 함께하며 온전히 내가 주체적으로 맺을 수 있는 관계인 것이다. 디지털화로 우리는 이제 연결이 잠시라도 끊어지면 불안함과 불편함을 느낀다. 문제는 내가 필요한 타인과 연결이 안 되는 상황에서 불안함을 느끼면서 동시에 다른 타인이 24시간 연결되어 있는 것에 불편함을 느낀다는 것이다. 그렇기 때문에 관계에 있어 적당한 거리감은 서로를 지킬 수 있는 가장 중요한 방법이다.

같은 자리에 있으려면 최선을 다해 뛰어야 한다

우리가 잘 알고 있는 동화 「이상한 나라의 앨리스」에는 이런 구절이 나온다.

> 앨리스는 여전히 조금씩 헐떡이며 말했다.
> "음, 우리 세상에서는 지금처럼 오랫동안 빨리 뛰었다면 보통 어디엔가 도착하게 돼요." 여왕은 말했다. "느릿느릿한 세상이군. 그렇지만 보다시피 이곳에서는 같은 자리에 있으려면 최선을 다해 뛰어야 해. 어딘가에 가고 싶다면 적어도 그 두 배 이상 빨리 뛰어야 한단다."
> -루이스 캐럴, '거울 나라의 앨리스 Through the Looking-Glass and What Alice found There' (1871)

진화 생물학에 공진화(Coevolution)라는 개념이 있다. 한 생물 집단이 진화하면 이와 관련된 생물 집단도 진화하는 현상을 가리킨다. 생물은 다른 생물들에 뒤처지지 않게 경쟁하고 때로는 협동하며 유리한 형질을 지니는 방향으로 진화해 간다는 것이다. 이를 '붉은 여왕 가설'(The

Red Queen hypothesis) 혹은 '붉은 여왕 효과'라고도 하는데, 이는 앨리스와 붉은 여왕과의 달리기 장면에서 유래되었다. 미국의 진화생물학자 리 반 베일런(Leigh Van Valen)이 1973년 '새로운 진화 법칙(A New Evolutionary Law)'이라는 논문에서 붉은 여왕 가설을 언급하면서 공진화의 개념으로 쓰이고 있다.

디지털 역시도 이런 공진화 현상을 겪고 있다. 이 책에서는 디지털 공진화라고 부르고자 한다. 문명의 복제 속도가 디지털의 발달로 매우 빨라지고 확산의 범위는 무한대가 되었다. 이전에는 사람에게서 사람으로의 복제였다면, 이제는 매체를 통한 절대 다수의 사람들에게 복제되고 있기 때문이다. 이와 함께 디지털의 소통 매체 역시 다양해지고 발달하면서 인간관계의 범위도 함께 진화했다. 문제는 이 속도를 따라잡기 위해서는 나 역시도 최선을 다해 뛰어야 한다는 것이다. 그렇다면, 뛰기 전에 우리는 무엇을 해야 할지 생각해 보아야 한다. 준비 운동은 잘했는지. 운동화 끈은 풀려 있지 않은지. 내가 지금 현재, 뛰기에 적합한 복장을 하고 있는지 말이다.

관계에도 Prepare가 필요하다

밀레니얼 세대는 아날로그 시대에서 태어나서 디지털 시대를 경험하고 적응해 가며 성장해 왔다. 그런데도 디지털 시대에서 태어나고 자란 Z세대와의 관계가 쉽지 않은 것은 그들의 변화 속도를 따라가지 못하고 그 변화에 적응하지 못하기 때문일 것이다. 많은 X세대, 밀레니얼 세대들은 변화에 적응하기 위해 끊임없이 배우고 노력한다. 그렇다 보니 디지털 기술과 매체를 익히는 것에만 집중하게 되는 경우가 많다. 그러나 진정으로 우리가 집중하고 봐야 할 것은 그 매체에서 일어나는 관계성이다. 처음 컴퓨터를 배울 때 각각의 기능들만 배우면 나중에 실제 활용을 할 수 없게 된다. 꾸준히 활용해 보고 적용시켜 봐야 비로소 능수능란하게 활용이 가능해진다. 이처럼 기술과 매체 각각의 사용법을 배우고 익히는 데 치중하는 것이 아니라 그 안에서 일어나는 관계성과 상호작용을 보고, 그 흐름을 함께할 수 있는 것이 중요하다. 그런 점에서 우리는 관계를 위해 끊임없이 준비해야 한다.

복잡한 디지털 시대에서 관계를 Play하기 위해서는 아날로그를 Plus해야 하고, 무엇보다 Prepare가 필요하다.

5
Chapter

디지털 리터러시 리부팅

디지털 세상 속에 살고 있는 우리, 디지털의 편리함은 누리고 있지만 그것의 영향력은 제대로 알지 못하고 있다. 이제 원하는 정보를 정확하게 찾고 목적에 맞게 활용할 수 있는 능력을 만들어 가 보자.

01

디지털 리터러시,
왜 주목해야 하는가

디지털 리터러시의 부족은 가짜 정보나 잘못된 기술을
습득하게 하고, 일방적이고 자극적인 이념에 빠지는 등
여러 문제에 맞닥트리게 한다.

디지털 리터러시의 의미

하루 24시간을 디지털 기기 속에 둘러싸여 생활하고 있다고 해도 과언이 아니다. 디지털 기기는 생활의 편리성을 더하는 보조 도구적 역할을 했었지만 현재는 디지털이 생활의 중심이 돼 버렸다. 마치 디지털 속도전 같은 빠른 변화 속 디지털 사회로의 전환기인 이 시점에 우리는 디지털 리터러시에 대해 살펴볼 필요가 있다.

전통적 리터러시는 문자화된 기록물을 통해 지식과 정보를 획득하고 이해할 수 있는 능력을 말한다. '정보의 접속, 선택, 평가, 이용'과 같이 전통적인 인쇄 기반 리터러시에서도 강조된 인지적 기능(Cognitive Skills)은 디지털 리터러시에서도 작용한다. 예컨대 코넬 대학교(Cornell University,

2009)에서는 '정보 기술과 인터넷을 이용하여 내용을 찾고, 평가하고, 이용하고, 공유하고, 창조하는 능력'으로 디지털 리터러시를 설명하고 있다. 또한, 캐나다 주 교육부(British Columbia Department of Education, n.d.)에서는 '디지털 기술 및 의사소통 도구를 이용하여 정보에 접속, 운용, 통합, 분석, 평가하는 능력'으로 정의하고 있다.[1] 시대에 따라 리터러시의 개념은 계속해서 변화해 왔는데, 다음 표를 통해 알아보자.[2]

리터러시 개념의 시대적 변화

주요 미디어환경	시대별 리터러시	사회적 환경	미디어 리터러시의 개념적 특징
인쇄물 신문	언어 리터러시	농업경제시대	인쇄술 활자발명 글을 읽고 쓰는 능력 문자텍스트에 대한 리터러시 능력 요구
영화 텔레비전	시각 리터러시 텔레비전 시청	산업경제시대	영상언어의 등장 미디어 리터러시 개념의 본격적 등장
컴퓨터 인터넷	컴퓨터 리터러시 네트워크 리터러시	지식경제시대	컴퓨터와 관련된 다양한 리터러시 개념 등장 이용자 개념의 등장 디지털격차를 둘러싼 접근성 강화 개념이 리터러시에 도입
소셜 미디어	소셜 미디어 리터러시	퀀텀경제시대	인공지능으로 이루어지는 사회구조 다중지능시대 교육, 지식 개념의 변화 콘텐츠 활용능력으로서 비트 리터러시 커뮤니케이션 능력으로서 버추얼 커뮤니티 리터러시 등의 새로운 개념등장

디지털 리터러시에 대해 오해의 측면이 있다. 리터러시가 가진 단어의 본래 의미 때문이다. 문해(文解) 또는 문자 해독으로 해석되는 리터러시는 자칫 디지털 정보를 읽고 해석하는 능력으로 단순하게 인식된다. 그러나 그 정보를 평가 및 판단하고, 선택한 정보를 이용해 새롭게 지식을 창출하는 넓은 의미로 봐야 한다.

디지털 리터러시 부족이 삶에 끼치는 영향

"나 사장인데."라는 사칭 메일로 인한 피해가 무려 15조 원에 달했다. 글로벌 보안기업 파이어아이가 미국 워싱턴에서 개최한 '사이버 디펜스 서밋 2019'의 사전 기자 간담회에서 이 회사 마이클 힐턴 부사장은 "CEO를 사칭한 e메일 공격이 달마다 10% 이상 빠르게 늘어나고 있다."라며 2018년도 한 해 전 세계 기업, 기관이 이를 통해 입은 유무형의 손실이 125억 달러(약 14조 8,750억 원)에 이른다."라고 밝혔다[3].

2018년, 로이터저널리즘연구소에서 32개국을 대상으로 실시한 한 조사에 뉴스 리터러시 관련 지식을 묻는 문항이 세 가지 포함되어 있었다. 조사 결과 한국의 경우 정답을 하나도 맞히지 못한 응답자가 47%나 됐으며, 1개는 42%, 2개는 10%, 3개 다 맞힌 경우는 1%에 불과했다. 2개 이상 정답을 맞힌 비율이 11%로 32개국 평균이 28%인 것에 비해 상대적으로 낮은 점수임을 알 수 있다.

디지털 리터러시가 부족하면 여러 문제가 생긴다. 흔히 사용하는 이메일을 예로 들어 보자. 이메일의 제목이나 내용을 제대로 파악하지 않고 무심코 열어 보았다가 랜섬웨어에 감염되거나 해킹을 당하는 경우가 있다. 알고 싶은 정보가 있어서 검색을 해 보아도, 그 정보가 진짜인지 가짜인지 구별하지 못하는 경우도 있다. 또한 로그인하여 작업 후 로그아웃을 안 해서 개인정보 및 비밀번호 유출이 생기는 경우도 빈번하다.

우리는 매일 여러 가지 디지털 기기에 둘러싸여 살아간다. 그 종류가 다양해진 만큼 이용하는 행태도 달라지고 있다. 디지털 세상의 콘텐츠 이용이 증가하고 의존도가 높아졌기 때문에 그 내용을 제대로 읽고 이해하며 정보의 진위를 가리는 능력 또한 갖춰야 한다. 그게 바로 디지털 리터러시다.

디지털 콘텐츠는 정치, 의료 및 건강 관련 이슈, 어린이나 청소년 대상의 콘텐츠 등 그 영향력과 파급력이 높은 주제가 많다. 이런 경우 특히 허위 정보로 인한 피해가 발생할 위험이 높다. 정보를 읽고 해석하는 능력이 부족한 경우, 허위 정보에 휘둘려 건강을 해치거나 사회 구성원 간의 갈등이 조장되어 국가적·사회적 문제가 발생할 수도 있다[4].

디지털 리터러시가 부족하면 검색한 것이 명확한지, 어떤 과정을 거쳐 나온 결과물인지, 결과가 미치는 영향은 어떤 것인지 등을 파악하는 데 어려움을 준다. 이 어려움은 가짜 정보나 잘못된 기술을 습득하게 하고, 일방적이고 자극적인 이념에 빠지는 등 여러 문제에 맞닥트리게 한다. 이와 같은 나쁜 지식에 빠지지 않기 위해서는 디지털 리터러시의 중요성을 인식하고 역량을 높여야 한다.

02

리터러시 시야를
넓혀라

정보의 홍수 속에서 선택한 정보에 대해 가져야 하는
비판적 사고 방법을 알아보자.

지식은 빠르게 변화하고 있다

검색을 통해 정보를 찾는 것이 일반화되어 있는 시대, 검색창에 원하는 단어를 적고 클릭만 하면 관련된 정보들이 쏟아져 나온다. 하지만 그 수많은 정보가 모두 필요한 것은 아닐 것이다. 우리에겐 필터링이 필요하다.

미국의 미래학자 엘빈 토플러(Alvin Toffler)는 "미래의 문맹은 글을 읽고 쓸 줄 모르는 사람이 아니다. 배우는 방법을 아예 모르거나 이미 알고 있는 지식을 적절히 활용하면서 계속해서 배움을 지속해 나갈 방법을 모르는 사람이다."라고 말했다. 검색을 통해 원하는 정보를 찾아도 디지털 세상에서는 정보의 유효기간이 매우 짧다. 정보의 타이밍에 초점을 맞추어야 한다. 새롭게 확인된 정보를 빠르게 습득하고 필요한 정보를 활용할 줄 알아야 한다. 그리고 무엇보다 정보를 제대로 파악할 줄 알아야 한다. 예를 들어, 검색 결과에서 타이틀만 읽고 본문은 다 읽지 않는 등 정보의 일부분만 취득한 경우에도 우리는 제대로 알고 있다고 착각할 수 있다. 무엇을 알고 무엇을 모르고 있는지 파악하는 능력인 메타인지가 필요한 이유다.

문제에 대한 정답이 있는 경우는 사람이 컴퓨터와 경쟁할 수 없다고 속속 확인되고 있다. 세계 최고의 과학 기술 문화 전문 잡지 와이어드 공동창간자인 케빈 켈리(Kevin Kelly)가 기계는 답을 위해 인간은 질문을 위해 존재한다고 말한 것처럼 답변은 이제 기계의 몫이 됐다. 그렇다면 교육과 학습은 어떻게 달라져야 할까? 정보는 이미 사람들에게 차고 넘친다. 우리에게 필요한 것은 필요한 정보를 이해하는 능력, 즉 중요한 것과 그렇지 않은 것의 차이를 식별하는 능력이다. 지식이 빠르게 변화하는 요즘 시대에 과거처럼 다양한 지식을 암기하고 평가하는 능력은 이내 쓸모와 가치를 잃어버리게 되는 만큼 새로운 능력이 요구된다.

자아 정체성이 정보에 영향을 주다

우리는 스마트폰을 들고 있을 때 유식해지고 지혜로워진다. 우리 두뇌에서 이뤄져 온 기억과 판단을 외부 기계에 의존하는 것은 기술 발달과 그에 적응하려는 자연스러운 인지적 변화의 결과이다. 과거처럼 평생 써먹지 못할 게 뻔한 영어 단어를 시험 때문에 억지로 외우던 학습법은 이제 거의 사라졌다. 이제 더 이상 전화번호를 외우지 않아도, 스마트폰 주소록에 저장한 이름으로 많은 사람에게 간단하게 전화를 걸 수 있다. 이처럼 기계를 통한 분산 기억을 잘 활용하려면 필요한 정보를 제대로 찾아내고 그 정보의 유용성을 평가할 줄 아는 새로운 능력이 요구된다. 지난 시절 한문이나 영어를 스스로 학습하려면 사전 찾는 법부터 익혀야 했던 것처럼 말이다. 스마트폰과 인터넷이 맞춤화 서비스를 제공한다고 하더라도 다양한 정보를 선별하고 판단하기 위해서는 사용자의 정보 감별력이 더 중요해진다. 사전 찾기만큼 똑똑한 검색활용법 학습이 필요한 이유다[5].

검색을 통해 수많은 정보를 찾아내고 그 안에서 메타인지와 정보 감별력, 질문하고 사고하는 능력이 더 중요해지고 있다. 물론 디지털 기기의 사용 경험이 풍부해야 하지만, 장치 사용 경험만으로는 부족하다. 더 중요한 것은 자신이 필요한 정보와 지식을 선택할 수 있는 주도성이다. 어디에 접속할 것인지, 즉 어떤 정보와 지식을 취할 것인지를 스스로 결정하는 힘이 필요하다. 이럴 때 중요해지는 것이 자아 정체성이다. 나는 어떤 사람이고 무엇을 좋아하고 어떤 정보를 취할 것인지를 결정하는 것이 선택의 기준이 된다.

알고리즘을 넘어 사고하기

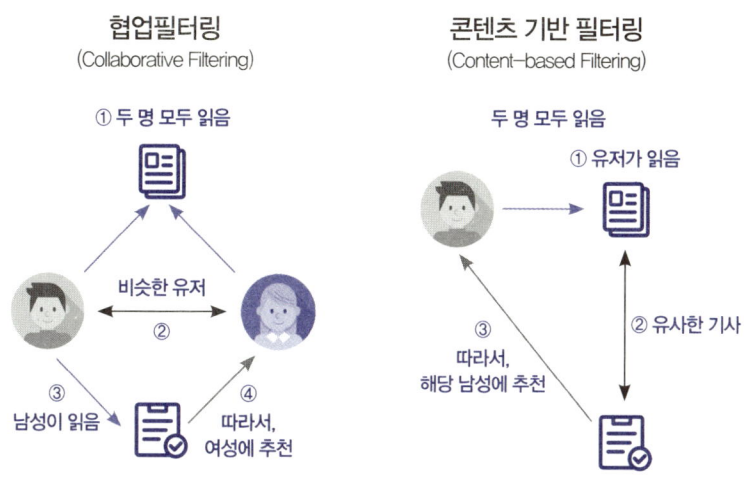

출처: Software carpentry, https://statkclee.github.io/parallel-r/recommendation-sys.html

알고리즘은 '문제나 과제를 해결하기 위한 처리 절차를 하나하나 구체적인 순서에 따라 표현한 아이디어나 생각'을 말한다. 알고리즘은 우리 삶에 녹아 있다. 알고리즘이 추천해 주는 영상물에 의해 정보를 얻는다. 정보를 추천하는 방식을 다음 두 가지로 나눠 볼 수 있다.

첫째, '협업 필터링'은 대규모의 기존 사용자 행동 정보를 분석하여 해당 사용자와 비슷한 성향의 사용자들이 기존에 좋아했던 항목을 추천하는 기술이다. 예를 들어 A라는 사람이 정보 '가'와 '나'를 읽었다고 가정하자. 이후 A가 정보 '다'를 읽었다면, 똑같이 정보 '가'와 '나'를 읽은 B라는 사람에게 정보 '다'를 추천하는 것이다. 사용자들로부터 얻은 데이터를 기반으로 취향을 예측한다. 취향이 비슷한 사용자들을 같은 그룹에 놓고 사용자들에게 비슷한 상품을 추천하는 방식이다. 둘째, '콘텐츠 기반 필터링'은 항목 자체를 분석하여 추천한다. 예를 들면 음악을 추천하기 위해 음악 자체를 분석하여 유사한 음악을 추천하는 방식이다. 콘텐츠 프로필을 작성한 뒤 항목을 분석한 파일과 사용자 선호도를 추출한 파일의 유사성을 비교 추천한다[6].

알고리즘은 사람이 만든다. 알고리즘을 만드는 것은 자신의 편견, 무의식적 편견, 사회적 편견, 경험적 편견 등이 있을 수 있다. 미국 기업 아마존은 AI 기술을 채용에 이용했지만 결국 이 시스템을 폐기했다. 프로그램에서 여성 지원자에 대한 편견이 발견됐기 때문이다.

컴퓨터가 더 공정할 것이라는 생각은 버려야 한다. 알고리즘의 효율성을 인정하되 사고해야 한다. 그렇다면, 알고리즘을 넘어 어떠한 사고를 해야 할까?

첫째는 알고리즘의 비판적 사고이다. 만드는 사람의 인식 틀을 가두지 않고, 데이터에만 매달리지 않는 비판적 사고가 인간 지성의 중요한 토대다. 둘째는 알고리즘의 문제점 파악이다. 추천 알고리즘은 사용자에게 편리한 서비스이다. 내가 좋아하는 내용에 집중할 수 있으며 원하는 정보를 얻을 수 있다. 그러나 비슷한 주장을 하는 영상만 접하게 된다. 나머지 정보는 감추어지는 위험이 생기는데 이러한 현상을 '필터 버블'(Filter Bubble)이라고 한다. 결국 반대 측의 의견을 듣지 못해 잘못된 판단을 할 수 있음을 인식해야 한다.

좋은 알고리즘은 알기 쉬워야 하고 정보 검색의 속도도 빨라야 한다. 정보는 효율적이고 재이용이 쉬워야 한다. 우리는 알고리즘에 대해 의존하기보다 사고 즉 의사결정에 도움을 주는 도구로 생각하고 깊은 사고를 위한 또 하나의 통로로 여겨야 한다.

가짜뉴스가 늘고 있다

2008년 8월 미국의 블룸버그(Bloomberg) 통신은 투병 중이던 애플의 최고경영자였던 스티브 잡스의 사망 기사를 내보냈다가 30초 만에 삭제했다. 실제 사망 3년 전의 일이다. 또 국내 한 일간지가 의학적으로 사망하기도 전에 부고 기사를 인터넷을 통해 보도하는 바람에, 한 유명 배우가 하룻밤 사이에 두 번 작고하는 일이 벌어졌다. 언론의 의도성이 있었다기보다는 속보 전쟁의 결과로서, 그야말로 언론으로서 지켜야 할 최소한의 기본이 지켜지지 않아 일어났던 오보 사건이었다. 이처럼 미확인 보도이든 의도성 있는 기사이든 전 세계가 가짜뉴스(Fake News)와 전쟁 중이다. 가짜뉴스의 광범위한 확산이 전 세계적으로 심각한 위기가 되고 있으며, 심지어 선거에 영향을 미쳐서 민주주의를 위협한다는 의견도 나왔다.

가짜뉴스의 확산에 가장 크게 기여한 매체로 소셜미디어라는 기술 변화를 손꼽을 수 있다. 사람들은 이제 더 이상 신문이나 텔레비전을 통해서 뉴스를 소비하지 않는다. 온라인 매체를 통해 뉴스를 접하는 사람들이 많아지면서, 뉴스 전달 매체로서 전통적인 미디어의 역할이 축소된 것이다. 전통 미디어의 축소와 함께 온라인 플랫폼 중에서도 특히 트위터, 페이스북 등의 소셜미디어가 많은 사람을 위한 주요 뉴스원이 되면서, 가짜뉴스의 생산과 유통의 온상지이자 광범위한 공유를 돕는 매개체가 되고 있다.

이처럼 가짜뉴스가 심각한 사회적 이슈로 부상하게 된 근본 원인은 전통 미디어에 대한 신뢰 하락, 수많은 유무선 통신망을 기반으로 한 디지털 정보의 교환, 가짜뉴스를 널리 전파하고 확산시키는 인터넷 기술의 광범위성과 전파성, 주요 뉴스원이자 가짜뉴스의 생산과 유통의 매개체로서의 소셜미디어의 역할, 그리고 상업적, 정치적 동기 등에서 찾을 수 있다. 여기에 가짜뉴스가 뉴스라는 형식을 띠고 있어서 일반인들이 뉴스의 진위성 여부를 판단하거나 구분하기 어렵다는 점도 한몫을 한다.

가짜뉴스라는 용어는 자신에게 불리한 뉴스, 뉴스 오보, 뉴스 형식의 의도적인 거짓 또는 잘못된 정보, 인터넷상의 루머에 이르기까지 그야말로 광범위하게 사용되고 있다. 정보의 유형도 텍스트, 음성, 사진과 그래픽, 동영상의 형태로 다양하다. 온라인상에서 유통되는 가짜뉴스에는 진실과 거짓이 뒤섞인 것이 많고, 형식도 뉴스가 아니라 댓글, 트윗, 조작된 SNS 팔로워, 조작된 동영상이나 사진, 위장 광고 등 다양하다.

뉴스는 기본적으로 허구가 아닌 실제 사건을 전달하는 메시지로, 실제 상황이나 사건을 얼마나 사실적으로 진실하게 전달하는가를 목표로 한다. 따라서 사실을 치우침 없이 올바르게 보도하는 의미가 언론의 가장 기본적인 목표이다[7].

가짜뉴스를 판정하는 기준은 뉴스의 형식이 아니라 내용의 진실성 여부이다. 뉴스는 적어도 사실의 실재성이 중요하다. 존재하지 않는 사실은 뉴스가 아니다. 뉴스가 형식적 조건을 갖추었다고 하더라도 사실이 아니거나 틀린 정보는 뉴스가 아니다. 가짜뉴스와 정보에는 그 정보를 읽은 사람을 특정 방향으로 몰고 가기 위한 악의적 전략이 숨어 있는 경우가 종종 발견된다.

지금은 누구나 뉴스와 정보를 만들고 유통하는 시대이다. 뉴스를 읽는 우리는 비판적인 시각이 필요하다. 사람은 자기 생각과 맞으면 그 정보를 믿지만 그렇지 않으면 무조건 가짜로 몰아가기 때문이다. 그것이 진실이든 아니든 말이다.

사람들이 부정적 정보를 더 신뢰하고 더 오래 기억하는 심리적 경향이 있다는 사실과 무관하지 않다. 동조화 폭포 현상과 집단 극단화도 정보에 대한 비판적인 자세에 영향을 미친다. 또한 사람들은 자신의 견해가 무엇이든 자신이 포함된 조직에서의 고립을 피하고자 자신이 속하는 조직의 의견에 동조하기도 한다. 혹은, 자신과 이야기가 통하는 사람들과 의견을 나누며 점점 다른 사람의 의견에 귀 기울일 여유와 유연성을 잃어버리기도 한다.

미국 펜실베이니아대학 정보통신대학원 안넨버그 커뮤니케이션 스쿨(Annenberg School for Communication)에서는 가짜 뉴스를 찾아내는 방법으로 다음과 같이 온라인 허위정보 대응방법을 제시하였다.

1. 뉴스의 출처를 파악하라.
2. 글을 끝까지 읽어라.
3. 작성자를 확인하라.
4. 근거자료를 확인하라.
5. 작성 날짜를 확인하라.
6. 자신의 생각이 한쪽으로 치우친 것은 아닌가 생각해 보라.
7. 전문가에게 물어보라.

이러한 기준을 알고 가짜뉴스를 찾아내는 눈을 가진다면 우리는 정보의 홍수 속에서도 내가 원하는 정보와 잘못된 정보를 찾아내고 필요한 정보는 취할 수 있을 것이다.

03
함께 사는
디지털 세상 속으로

디지털 시민의식을 바탕으로 타인과 내가 함께 만드는
안전한 디지털 세상

빅데이터와 빅브라더

　과거 아날로그 환경에서 A씨는 옷을 사기 위해 대중교통을 타고 시내에 나가서 가게에 직접 갔다. 이때 A씨의 데이터가 기록되었고 양은 지극히 적었다. 하지만 오늘날 A씨는 옷을 사기 위해 굳이 외출하지 않아도 된다. 사고 싶은 옷을 인터넷으로 검색한 다음 인터넷 쇼핑몰에 접속하여 구매하면 된다. 이때 옷을 구매하지 않았더라도 A씨가 구경하였던 쇼핑 내역들이 자동적으로 데이터에 저장된다. A씨가 어떤 옷에 관심이 있는지 얼마 동안 특정 쇼핑몰에 머물렀는지를 알 수 있다. 이렇게 A씨가 남긴 디지털 발자국은 쇼핑뿐만 아니라 금융, 교육, 문화, 자료검색 등 온라인 서비스에 모두 적용된다.

　사람들이 컴퓨터와 스마트폰을 사용함에 따라 거대한 양의 정보가 생성되고 확산 속도도 갈수록 빨라지고 있다. 빅데이터 환경의 구축은 인터넷을 기반으로 경제 활동이 이루어지는 디지털시대를 이끌고 있다.

디지털 환경뿐만 아니라 주요 도로와 공공건물, 아파트 CCTV가 촬영하는 영상정보까지 그 양은 상상을 초월할 정도로 엄청나다. 개인의 일거수일투족(一擧手一投足)이 데이터로 저장되고 있다. 여러 곳에서 생성된 방대한 양의 데이터를 효과적으로 분석하는 것도 중요해졌다.

우리는 현재 빅브라더시대에 살고 있다. 빅브라더란 영국의 작가이자 언론인인 조지 오웰(George Orwell)의 소설 「1984」에서 비롯된 용어로, 정보를 관리해 사회를 통제하는 하나의 권력을 뜻한다. 소설 「1984」에는 다음과 같은 문장이 등장한다. "대중은 결코 스스로 항거하지 않는다. 그리고 그들은 단지 억압받는다고 해서 폭동을 일으키지 않는다. 실상 그들이 비교할 수 있는 기준을 가지지 않는 한, 그들은 억압받는다는 것조차 전혀 의식하지 못한다."

하지만 현대 사회를 살아가는 대중은 결코 소설 「1984」 속의 등장인물들처럼 강력한 상위 집단의 통제 아래 억압받는 무지한 하위 집단이 아니다. 오늘날 대중은 자신들의 개인정보가 어디에서 어떻게 사용되는지, 어느 범위까지 노출되어 있는지 등의 개인정보 침해 문제에 매우 민감하다. 현대 사회에 있어서 정보는 곧 권력이자 재력인 만큼, 개인정보를 사용하는 사람은 사용 여부를 반드시 당사자에게 밝혀야 하는 의무를 가진다.

따라서 빠른 속도로 성장하는 AI 알고리즘, 그리고 늘어난 빅데이터 속 개인정보를 어떻게 관리하느냐는 굉장히 중요한 문제로 대두되고 있다. 늘어난 개인정보의 양이 다양한 긍정적 효과를 가져왔다는 것은 그 누구도 부정할 수 없는 사실이다. 하지만 이 정보들을 철저하게 관리하지 못하는 순간, 모든 긍정적 효과는 무색해질 우려가 있다.

우리나라를 포함한 세계 각국의 사례를 살펴보면, 빅데이터와 빅브라더 사이의 적당한 선을 지키는 것이 굉장히 중요해 보인다. 하지만 어디부터가 빅브라더의 영역인지 명확하게 정의하는 것은 어려운 문제다. 오늘날, 개인정보의 수집은 정보 시스템이 정상적으로 작동하는 데 필요한 하나의 과정이라는 것이 여러 전문가들의 의견이다. 빅데이터라는 기술 자체가 대중 혹은 넓은 범위의 사람들이 정보를 공유하는, 즉 정보 수집의 형태를 띠고 있기 때문이다. 개인정보는 SNS 등 다양한 플랫폼에서 수집되고, 수집된 정보는 필연적으로 타인에게 노출됨으로써 전혀 새로운 가치를 창출해 낸다.

개인정보의 보호를 당연한 사회적 규범으로 정의할 수 없는 이유이다. 빅데이터가 긍정적인지 부정적인지 평가하려면 사용하는 정보가 좋은 정보인지 그렇지 못한 정보인지 구분해야 하지만, 정보의 속성을 단순히 이분법적으로 나눌 수는 없는 것 역시 하나의 문제이다[8]. 우리는 스스로 개인정보와 데이터 사용에 있어 민감한 태도를 가져야 하고 관심도를 높여야 한다.

여러분은 하루 중 온라인, 오프라인 중 어느 공간에 계신가요?

우리는 뉴스 등에서 '시민, 시민의식'이라는 말을 많이 듣는다. 사회의 구성원으로서 시민은 자신이기에 관심이 많은 단어이기도 하다. 시민이란, 사회의 구성원으로 권력 창출의 주체로서 권리와 의무를 가지며, 자발적이고 주체적으로 공공 정책 결정에 참여하는 사람이다. 디지털 시대에 소셜미디어 등을 통해 현실 공간에서의 일상이 디지털 공간으로 옮겨 가면서, 현실 공간이 디지털화되어 가고 있다. 누구나 디지털 기술을 활용하고, 디지털 기술로 소통하며 자신을 표현하고, 인간관계를 맺으며 사회에 참여하고 있다.

정치, 경제, 사회, 문화, 오락, 예술, 스포츠 등 삶의 거의 모든 부분이 온라인 상태에서 이루어지고 있다. 디지털 공간은 이제 우리가 감히 거역할 수 없는 제2의 생활공간으로 확고하게 자리를 잡았다. 우리는 사이버 공간에서 새로운 정체성과 자아를 발견 · 형성하고, 적극적으로 자신을 표현한다. 타인들과 지식과 정보를 공유하며, 다양한 공동체의 구성원으로 참여하면서 현실과는 구분되는 온라인 문화를 만들어 가고 있다.

디지털 공간에서는 시공간을 초월하여 많은 사람이 함께 소통하고 공동체가 형성되고, 사회참여가 이루어지고 있다. 그러므로 디지털 공간에서 만나는 나와 우리 모두가 '시민'이다. 디지털 공간, 나아가 디지털이 지배하는 사회에서 '시민'이란 무엇인지, 일반적으로 시민성 또는 시민의식(Citizenship)에 대한 학자들의 공통적 정의는 '자신의 이익을 넘어서서 자신이 속한 공동체의 안녕과 복지에 공헌할 수 있는 능력'이다.

디지털 시민성의 개념도 전통적 시민성의 철학과 가치에 기반을 두되 디지털 사회와 미디어 환경의 특성을 접목하는 차원에서 새로운 개념 정의가 필요하다. 현재 제시되어 있는 디지털 시민성에 대한 정의를 살펴보면 대체로 디지털 미디어를 이용하는 사람들이 갖추어야 할 역량 전반을 지칭한다. 여기에는 이용기술, 태도, 행위적 요인이 모두 포함된다. 일례로 유네스코(2016)는 디지털 시민성의 정의를 '효과적으로 정보를 찾고, 접근하고, 사용하고 생성할 수 있는 역량, 비판적이고 민감하고 윤리적인 방식으로 타인 및 콘텐츠에 참여하는 역량, 온라인 및 ICT 환경을 안전하고 책임감 있게 탐색하는 역량, 자신의 권리를 인식하는 역량'이라고 보았다. 영국 JISC(Joint Information Systems Committee, 2016)는 '사람들이 디지털 사회에서 삶과 학습 그리고 일을 위해 갖추어야 할 능력'으로 설명하였다. 그리고 다른 연구서에는 '미래를 대비하여 디지털 기술을 미리 준비하고 현재 이용하는 디지털 기술을 이해하기 위한 것으로 지식정보사회를 살아가는 삶의 행동 방식이자 지능정보사회 구성원이 갖춰야 하는 역량'이라고 설명한다. 그런가 하면 인터넷 이용윤리, 존중, 협업, 네트워킹, 참여 등 디지털 미디어를 통한 사회적 소통에 초점을 둔 세부적이고 구체적 차원의 정의도 있다.

존스와 미첼(Jones & Mitchell, 2015)는 디지털 시민성의 2가지 요건으로 타인에 대한 배려와 관용 및 시민적 실천과 참여를 제시한 바 있다. 디지털 시민성에 대한 다양한 정의들의 차이에도 불구하고 이들의 공통점은 앞으로의 미래사회에서 디지털 시민성은 개인의 삶과 일, 관계에서 반드시 갖추어야 할 필수 역량이라는 점이다.[9]

도덕성이 시민의식의 밑거름

시민성에서 중요하게 생각되는 것은 일반적으로 인간의 도덕성이다. 우리는 오프라인 상태에 비해 온라인 상태에서 훨씬 잦은 그리고 많은 도덕적 이탈(Moral Disengagement)을 경험한다. 그러한 도덕적 이탈은 인터넷 중독의 경우에서처럼 자기 배려(Self-care)와 자기 조절(Self-regulation)의 실패를 초래할 수도 있다. 사이버 범죄에서의 경우처럼 타인의 권리와 재산을 침해하는 가운데 타인들에게 상당한 정신적·물질적 피해를 주기도 한다. 그 결과, 온라인 상태에서의 도덕적 이탈은 다양한 정보화 역기능을 초래하는 근본적인 원인의 하나가 되고 있다.

온라인 상태에서 더 많은 도덕적 이탈이 나타나는 이유는 익명성 때문이다. 익명성은 사회적 거리를 만들어 낸다. 익명성에 의해 야기된 사회적 고립 혹은 공동체 의식의 결여는 자신의 이익을 위해 행동하게 만든다. 따라서 우리에겐 도덕적 조절을 하는 자세가 필요하다.

도덕적 조절을 하는 사람은 타인을 배려하고 자신의 안전을 보호하는 동시에 디지털 사회에 적극적으로 참여하고 민주적으로 노력할 수 있는 사람이다. 안전한 디지털 생활에서 중요한 것은 단순히 욕설이나 나쁜 말을 피하는 것이 아니라 혐오표현이 왜 나쁜지 그에 대한 인식을 정립하는 것이다. 사회 구성원 한 사람 한 사람이 시민의식을 갖지 않으면 누구든 온라인 세계에서 다른 사람의 권리를 침해하는 가해자가 될 수 있다. 따라서 모든 사람에게 시민의식의 함양을 권장하고 싶다. 좋은 디지털 세상은 기술 발전만으로 이뤄지지 않는다. 사회를 구성하는 각자의 노력과 건강한 사회에 대한 의지가 필요하다.

디지털 시민에게는 어떤 능력이나 역량이 있어야 하는가?
디지털 시민이 갖추어야 할 태도나 지켜야 할 의무는 무엇인가?

위의 질문에서 스스로 답을 찾아보기를 바란다. 또한 디지털 시민의식을 가지기 위한 행동이 필요하다.

1. 도덕적 정체성의 형성
   존중과 격려, 자신의 정체성을 도덕의 관점에서 정의하려는 자세

2. 자기 조절 역량의 함양
   상황과 자신의 성격에 부합하는 방식으로 도덕적 행동을 실천하는 것이 필요

3. 통합적 도덕성의 발달
   공감, 동기, 도덕성에 대한 민감성이 필요

사용자들도 누군가를 향한 관심을 신상털기와 무분별한 정보검색으로 연결하는 대신 평온한 삶을 위해 사람에 대한 존중 속 무관심을 배우고 실천할 필요가 있다. 또한 디지털 시민의식이야말로 디지털 공간의 역기능 해소 및 건전한 디지털 문화 만들기를 위해 실천해야 하는 중요한 요소임을 잊지 말아야 한다.

온라인 댓글 이대로 괜찮을까

우리는 하루에 얼마나 많은 생각을 할까? 우리말에 "오만 가지 생각이 다 난다."라는 말이 있다. 이는 사람이 어떤 일에 닥치면 수많은 잡생각을 한다는 뜻이다. 실제 사람들은 하루에 오만 가지 생각을 한다고 한다. 그 오만 가지 생각을 SNS 담벼락, 댓글 등에 표현하는 일들이 많아지고 있다. 그에 따라 해당 글이 사람들에게 어떤 영향을 미칠지에 대한 책임 의식이 필요하다.

댓글은 여러 가지 장점이 있다. 첫째, 온라인상에서 짧은 글을 통해 자신의 의견을 즉각적으로 전달할 수 있다. 둘째, 자신의 의견과 다른 사람의 의견을 비교함으로써 양방향 의사소통을 할 수 있다. 셋째, 댓글은 광고나 제품에 대한 소비자의 반응, 관심, 의견 등을 포함하고 있기 때문에 기업과 소비자가 의견을 공유할 수 있는 도구가 될 수 있다. 기존 연구에 따르면 인터넷을 통한 의류 구매 시 댓글의 유형과 방향성, 즉 제품에 대한 기존 사용자들의 댓글이 긍정적인가 부정적인가의 여부가 소비자들의 구매 의사결정에 영향을 미치는 것으로 보고되고 있다. 또한 온라인 뉴스 이용자 중 많은 사람이 댓글도 함께 읽는 것으로 나타났다.[10]

의견과 표현의 자유는 세계 인권선언 제19조에서 보장하는 기본적 권리이다. 모든 사람들이 국경에 관계없이 선택하는 매체를 통해 어떠한 종류의 정보와 사상이든 추구하고, 제공받고, 전달할 자유를 보장하고 있다.

표현의 자유의 범위는 넓다. 예를 들어, 의견과 표현의 자유에는 다른 사람에게 심히 불쾌한 의견이나 사상을 포함하는데, 여기에는 차별적인 표현도 포함될 수 있다. 인터넷 환경의 시공간을 초월한 정보의 자유로운 교환은 민주주의의 진전과 사회 진보에 큰 영향을 미쳤다. 그러나 또 한편으로 온라인에서 이주민, 난민, 성소수자, 장애인 등에 대한 혐오 표현이 급속도로 확산되고 온라인에서 키운 혐오가 실제 증오 범죄로 이어지는 사례를 보면서 인터넷 공간이 사회적 소수자에 대한 편견을 강화하고 민주주의와 사회통합을 위협한다는 우려의 목소리도 높다. 최근 들어서는 사회적 소수자에 대한 부정적 댓글을 다는 수준을 넘어 수익을 목적으로 혐오 동영상 콘텐츠를 제작하여 게시하기도 한다.

인터넷 사용자들이 댓글을 이용하는 주요 목적은 기사나 게시물이 제공하는 정보 이외의 추가적인 정보 습득 혹은 여론에 대한 이해를 높이기 위해서다. 이를 반영하듯 온라인 쇼핑으로 상품 구매 시 79.3%가 타인의 이용 후기 또는 댓글을 읽는 것으로 나타났으며, 이 중 94.3%가 다른 사람의 의견과 경험이 구매 결정에 영향을 미친다고 응답하였다. 이처럼 타인의 댓글이 의사결정에 미치는 영향력을 이론적인 측면에서 '동조'의 개념으로 설명할 수 있다[10].

혐오 표현이 민주적 가치와 평화를 위협하고 특정 집단이 혐오 표현의 피해자가 되는데도 우리 사회가 이에 침묵하는 것은 편견과 불관용에 대한 무관심으로 비쳐진다. 또한 혐오 표현을 용인한다는 잘못된 메시지를 줄 수 있다. 그러므로 우리는 긍정적 댓글에 대한 효용성을 인지해야 한다. 그렇다면 댓글에 대한 우리의 자세를 제시해 본다.

1. 홍익인간
    널리 이롭게 하는가에 대한 비판적 사고를 가져야 한다.

2. 역지사지
    댓글이 타인에게 미치는 영향을 생각해 보고 수용하는 자세를 가져야 한다.

3. 책임 의식
    표현의 자유에 대한 권리와 댓글에 대한 책임 의식이 있어야 한다.

04
삶의 질을 높이다

디지털 공간에서의 긍정적인 삶이 바로
진정한 라이프 리부팅이다.

디지털 공간으로 옮겨진 삶

우리는 살아가는 동안 행복을 추구한다. 행복(Happiness)에 대한 정의는 '주관적 안녕감'(Subjective Well-being)이다. 안녕이란 평안하다는 의미인데, 즐거움이라기보다는 오히려 특별한 사건이 없는 편안한 상태를 의미한다. 가족, 조직, 건강 등 자기 삶에 대한 만족도가 중요하다. 그래서 행복이란 '만족과 즐거움을 느끼는 상태'다. 그 상태의 범위가 달라진 요즘 우리 삶의 공간이 변화되고 있다. 간단히 분류하자면 오프라인 공간에서 온라인 공간으로 이동하고 있는 점이다.

예전에는 물건을 소유하려는 만족감을 가지려면 상점에 직접 방문해야 했지만, 지금의 디지털 기술의 발달은 이러한 상품의 이동 방식을 바꾸었다. 사람은 가만히 있고 상품이 나에게 이동하는 방식이다. 이전에도 일부 우편이나 통신판매가 있었다. 그러나 디지털은 콘텐츠라는 무형의 상품을 비롯하여 모든 상품과 서비스가 나를 중심으로 이동하는 방식으로 바꾸었다. 또한 디지털은 교통의 요지나 접근성의 의미를 퇴색시키며 위치의 중요성을 감소시켰다. 사물인터넷은 나를 중심으로 공간들을 만들고 있다. 외부의 기온에 따라 개인마다 쾌적하게 느끼는 온도로 실내 온도와 습기 등을 조정해 주는 스마트홈과 스마트빌딩 등 나를 중심으로 한 공간의 지능화는 더욱 발전할 것이다. 이러한 공간의 변화로 원격으로 일을 하거나 재택근무가 가능해지기도 했다. 노트북만 있으면 언제 어디서나 일을 할 수 있는 환경이 된 것이다.

우리는 앞으로 집이 일터이고 학교이고 병원의 역할을 하는 세상을 맞이할 것이다. 다른 말로 하면 내가 있는 공간이 일터, 학교, 병원이 되는 시대이다. 즉 공간의 의미를 바꿔야 하는 시대에 살고 있다. 옮겨 간 공간에서 사람과 관계하고 그 속에서 행복, 안녕, 만족도를 높이기 위해서는 우리의 생각부터 달라져야 함을 잊지 말아야 한다. 디지털 공간을 바라보는 관점은 사람이 중심이 되어야 하며 그 안에는 존중이 있어야 한다.

삶은 존중받아야 한다

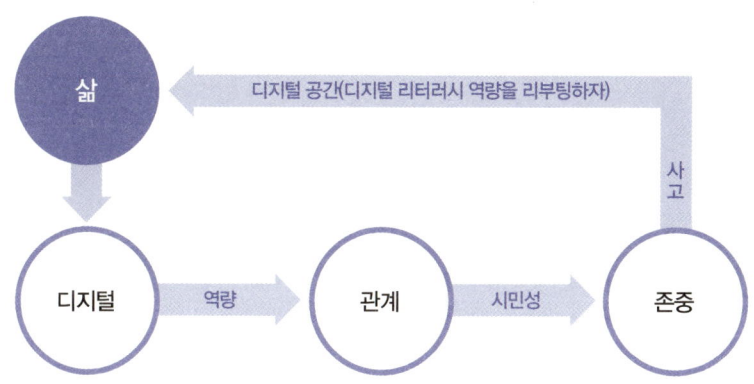

우리의 삶이 오프라인 공간에서 디지털 공간으로 옮겨진 이 시점에 우리가 가져야 하는 디지털 역량을 여러 가지 관점에서 살펴보았다. 그리고, 검색, 가짜뉴스, 알고리즘, 빅데이터, 시민의식, 댓글 등의 역량을 높이는 방법도 찾아보았다. 여기서 우리가 기억해야 할 것은, 그 중심에 항상 사람이 존재한다는 것이다.

우리는 각기 다른 생각을 하며 살아가고 있다. 그리고 그 생각을 자연스레 디지털 공간에 기록하게 되는데, 과거 아날로그 시대와 달리 디지털 시대에는 그 기록이 오래도록 남게 된다. 이것이 훗날 우리에게 부정적인 영향을 미치지 않게 하려면, 더 충분히 깊게 생각하는 '사색'하는 우리가 되어야 하지 않을까?

사색에 대한 고찰은 다음 장에서 다룰 것이다. 사람이 중심인 디지털 공간은 사람의 편리를 위한 것임을 잊지 않아야 한다. 그리고 그 공간에서도 사람다움을 잊지 않을 때 진정한 라이프 리부팅이 되는 것이다.

Chapter
6

사색 리부팅

언제 어디서든 검색할 수 있는 시대에 사는 당신, 어느새 스마트폰과 물아일체가 되어 당신의 사색을 검색이 대신하고 있다면? 검색으로 얻은 정보가 범람하여 머릿속에 지식과 지혜가 머물 곳이 없다면? 잠시 '검색' 버튼을 끄고 '사색' 버튼을 켜라. 사색 없는 검색은 부작용을 가져올 뿐이다. 깊은 사색을 통해 지혜를 얻고, 우리의 삶을 더욱더 균형 있게 만들어 나가자.

01
지금 우리는 검색 중

검색하고 있지만 찾지 못하는 사람들, 답을 찾으려면
사색하라! 사색 없는 검색은 우리에게 부작용을 가져올 뿐이다.

검색으로 채우는 하루

한 대학교 강의실, 대학생 A씨는 교수님의 강의 내용을 다 이해하지 못했다. 하지만 교수님에게 질문하는 대신 스마트폰으로 검색하는 편을 택했다. 이후 토론 시간이 되어 삼삼오오 각자의 생각을 나누어야 했지만, A씨는 생각에 빠지는 대신 관련 내용을 스마트폰으로 검색하기 시작했다.

인터넷만 연결된다면, 언제 어디서든 원하는 정보와 지식을 손쉽게 검색할 수 있는 세상에 우리는 살고 있다. TV 앞에 앉아 뉴스 프로그램을 보지 않고도 세상이 돌아가는 소식을 실시간으로 확인할 수 있고, 멀리 사는 친구와 약속하고 직접 만나지 않아도 어떻게 지내는지 안부를 나눌 수 있는 세상 말이다.

인류 역사상 이렇게 한 개인이 수많은 정보에 빠르게 접근할 수 있었던 적이 있었을까? 세계적인 검색엔진 '구글'의 이름을 딴 '구글링'(Googling)이라는 말은 '인터넷으로 검색한다'는 뜻의 신조어가 된 지 이미 오래다. 실제로 배우지 않으면 알 수 없는 프로그래밍 언어인 파이선, 자바스크립트 등은 이제 구글 검색만으로도 코딩 문제를 금방 해결할 수 있기까지 하다.

검색하고 있지만, 찾지 못하는 사람들

검색을 통해 이렇게 빠르고 편리하게 원하는 정보를 얻을 수 있게 되니, 자연스레 스마트폰을 이용하는 시간도 늘어났다. 지난 2020년 과학기술정보통신부가 발표한 '2020 인터넷이용실태조사'에 따르면, 우리나라 만 3세 이상 국민의 인터넷 이용 시간이 주 평균 20.1시간으로 조사된 바 있다. 이는 전년 대비 2.7시간이나 증가한 수치이다. 그런데 아이러니한 것은, 인터넷과 스마트폰 이용 시간이 늘어난 것에 반해 디지털 정보 파악 능력은 매우 낮다는 것이다. OECD의 최근 보고서를 보면 디지털 정보가 사실인지 단순한 의견인지 식별하는 능력은 우리 대한민국 청소년이 25.6%로 최하위권이었다[1]. 하루에도 몇 번씩 검색을 통해 수많은 정보를 얻고 있지만, 그 정보가 정확한지 아닌지를 알지 못한다는 뜻이다. 그래서 한 번 정보를 수집하게 되면, 의심도 없이 그 정보를 사실이라 믿기 시작하고, 그 믿음이 또 다른 사람에게 정확하지 않은 새로운 정보가 되어 전해진다. 그렇게 루머가 탄생한다.

루머가 확산하는 과정에서 우리도 모르는 사이 '정보의 폭포 현상'과 '동조화 폭포 현상'이 나타난다. '정보의 폭포 현상'은 앞선 사람이 하는 말이나 행동을 보고 다른 사람들이 따라서 하는 것을 뜻하며, '동조화 폭포 현상'은 자신이 속한 집단의 사람들이 어떤 루머를 믿으면 자신도 그 루머를 믿는 경향을 말한다[2]. 이러한 현상이 문제가 되는 이유는, 그 정보가 거짓이라는 확실한 증거가 나타나도 현상이 계속되기 때문이다. 예를 들어 한 유명인이 불미스러운 루머에 휘말리게 되면, 마치 그 루머가 사실인 양 전국으로 삽시간에 퍼져 나가지만, 이후 사실이 아니라고 밝혀져도 부정적인 여론이 계속해서 형성되는 것과 같다.

이런 현상이 일어나는 이유는 무엇일까? 검색을 통해 세상의 가치 있는 정보와 지식을 손쉽게 취득할 수 있게 되었는데도 불구하고, 왜 검색의 효과를 제대로 보지 못하고 있는 것일까? 그것은 바로, 검색을 '제대로' 하고 있지 못하기 때문이다. 제대로 검색한다는 것은, '검색'을 통해 얻은 지식과 정보를 '사색'을 통해 분석하고 비판하여, 이를 문제 해결에 활용할 줄 아는 것이다. 하지만 지금 우리는 '검색' 이후에 더는 '사색'하지 않는, 반쪽짜리 검색을 하고 있다. 어쩌면 검색 결과를 생각하는 것이 아니라, 검색 결과에 의해 생각당하고 있는지도 모른다.

답을 찾는 길, 사색

검색에 사색을 더해야 하는 이유는 무엇일까? '사색'이라는 단어의 뜻에 그 답이 있다. 사색(思索)의 한자어를 살펴보면, '생각할 사(思)' 자와

'찾을 색(索)' 자로 이루어져 있다. 단순히 생각에서 그치는 것이 아니라, 생각을 통해 답을 찾아내는 '문제 해결'의 의미를 포함하고 있다. 그래서 표준국어대사전에서도 '사색'을 '어떤 것에 대하여 깊이 생각하고 이치를 따짐'이란 의미로 정의한다. 사색과 비슷한 의미를 지닌 다른 단어들도 있다.

- 생각: 사물을 헤아리고 판단하는 작용
- 사고(思考): 생각하고 궁리함
- 사유(思惟): 대상을 두루 생각하는 일
- 명상(冥想·瞑想): 고요히 눈을 감고 깊이 생각함

위의 단어들은 공통으로 '어떤 대상에 대해 머릿속으로 깊이 생각하는 행위'와 더불어, '그 대상을 헤아리고 판단하여 문제를 해결한다'라는 뜻이 있다. 그래서 이 책에서는 생각, 사고, 사유, 명상이라는 단어 모두를 '사색'으로 통칭하고자 한다.

사색 없는 검색의 4가지 부작용

"너 그거 봤어?"

우리는 아침에 출근하면 간밤에 일어난 새로운 뉴스를 공유하며 하루를 시작한다. 하지만 각자 본 것과 들은 것에 대해서만 소통할 뿐, 그것들에 관하여 사색한 것을 나누지는 않는다. 이렇게 사색 없는 검색은 우리에게 여러 부작용을 가져다준다.

먼저, 정보비만(info-besity)이 될 수 있다. '정보비만'이란, 미래학자이자 세계적인 베스트셀러 작가인 엘빈 토플러(Alvin Toffler)가 처음 언급한 말로, 정보를 의미하는 'information'과 비만을 의미하는 'obesity'가 결합한 용어다. 사색 없이 검색만 하다 보면 점차 정보 중독에 걸려 계속해서 또 다른 정보를 수집하려고 하게 된다. 그렇게 기하급수적으로 불어난 정보가 머릿속을 뚱뚱하게 만들어 사색할 공간을 없게 하는 것이다.

다음으로, 사람이 비만하면 여러 가지 합병증이 생기는 것처럼 정보비만의 합병증으로 '디지털치매증후군'에 빠질 수 있다. 디지털치매증후군이란 스마트폰이나 컴퓨터 등 다양한 디지털 기기에 의존한 나머지, 기억력이나 계산 능력이 크게 떨어지는 현상을 말한다. 우리 뇌는 외부로부터 받은 여러 자극을 한시적으로 기억하는 단기 기억에서, 반복 학습을 통해 오래 보관되는 장기 기억으로 옮겨 간다. 예를 들어, 공중전화에서 전화를 걸던 시절과 달리 지금은 스마트폰에 모든 번호가 저장되어 있어 가족과 지인의 전화번호를 굳이 외울 필요가 없어졌다. 그래서 전화번호라는 단기 기억이 장기 기억으로 이전되지 못하고 사라지는 것이다. 이렇게 장기 기억에 저장하는 정보의 양이 지속적으로 감소하고 기억의 강도를 유지시키지 못하면, 뇌가 퇴화하여 일종의 치매와 같은 디지털치매증후군을 유발하게 되는 것이다.[3)]

그뿐만이 아니다. 검색 과정에 접하게 되는 수많은 영상과 이미지로 인해 사람들은 글자로부터 멀어지고 문해력이 떨어지게 된다. 2020년 8월 17일이 임시공휴일로 확정되면서 토요일부터 사흘 연휴가 결정된 적 있다. 이에 사흘의 뜻을 검색하는 사람들로 인해 포털사이트 실시간 검색어에 '사흘'이란 단어가 올랐으며, "3일을 왜 사흘이라고 하냐?"와 "사흘과 나흘도 구분 못 하냐?" 하는 황당한 논쟁이 펼쳐지기도 했다. 한편, 초등학교에서는 학생들이 글자로 쓰인 전달사항을 읽으려 하지 않아, 교사들이 직접 전달사항 내용에 이모티콘과 그림을 넣어 카드 뉴스 형태로 재작성하고 있다고 한다.[4]

마지막으로, 자극적인 영상 매체에 익숙해진 사람들의 주의력도 점점 짧아지고 있다. 이를 '쿼터리즘'(Quarterism)이라는 사회적 용어로 설명할 수 있는데, 디지털 세대의 집중력이 기성세대의 1/4 수준으로 줄어든 '15분'을 넘기지 못한다는 의미이다.

디지털 세상이 가져다준 편리함과 속도는 이렇게 우리에게서 많은 것을 앗아가고 있다. 이 얼마나 끔찍한 일인가. 이제 반쪽짜리 검색에 사색을 더해, 온전한 나를 지켜낼 때가 되었다.

02
잠시 검색을 OFF 하라

검색에 대한 지나친 의존을 잠시 멈추고
라이프 밸런스를 유지하자.

지금 당신, 괜찮나요?

저녁 7시. 일과를 마치고 집으로 돌아온 직장인 B씨. 옷도 갈아입지 못한 채 그대로 소파에 몸을 눕힌다. 손가락 하나 까딱하고 싶지 않지만 겨우 몸을 움직여 스마트폰을 열었다. 주말에 가 볼 만한 맛집을 검색하다, 꼬리에 꼬리를 물고 이내 연예 뉴스까지 검색하게 된다. 정신을 차려 보니 시계는 9시를 훌쩍 넘기고 있었고, 어느덧 해도 저물어 온 세상이 깜깜해져 있었다.

잠시라도 틈만 나면 무의식적으로 스마트폰을 열어 검색을 시작하는 우리. 습관적으로 검색을 거듭하다 보면 어느새 시간이 훌쩍 지나 버리는 경험, 모두 한 번씩은 있을 것이다. 이동통신산업과 모바일 기술의 발전으로 이제는 일정 요금만 내면 데이터를 마음껏 쓸 수 있는 무제한 요금제를 이용할 수 있게 되었다. 하지만 무제한 요금제라 해서 진짜 비용이 들지 않는다고 착각하면 안 된다. '시간'이라는 매우 큰 비용을 지불하고 있으니, 이것이야말로 바로 무제한 요금제의 함정이 아닐까?

스마트폰은 우리에게 시간 외에 또 다른 비용을 요구한다. 검색을 통해 우리의 정보력은 크게 확장되지만, 심층적인 사고력이 훼손되고 있기 때문이다. 사람들은 검색을 통해 얻은 지식을 기억하려 하지 않고 저장하거나 즐겨찾기 해 두려고 하는데, 이를 '구글 효과'(Google effect)라고 일컫는다.

이와 관련한 미국 컬럼비아대학교의 연구가 있다.

벳시 스패로(Betsy Sparrow) 교수 연구팀은 피험자들이 정확하게 알지 못하는 사실을 총 40개의 문장으로 제시하고 컴퓨터에 입력하게끔 했다. 그리고 한 그룹에는 입력한 정보가 저장될 것이라고 말했고 다른 그룹에는 삭제될 것이라고 말했다. 입력이 끝난 후 가능한 한 많은 문장을 기억해 내도록 했는데, 입력한 정보가 삭제될 것이라고 안내받은 그룹이 훨씬 더 많은 문장을 기억해 낸 것이다. 벳시 스패로 교수는 사람들이 스마트폰을 자신의 외장 메모리로 인식하고 있다며, 손가락 끝으로부터 얻는 정보 기반의 사고방식 때문에 혹시 중요한 것을 놓치진 않을지 우려했다[5].

그뿐 아니라, 검색을 하며 스마트폰을 이용하는 시간이 많아진 후유증으로 '유령 진동 증후군'을 겪는 사람이 늘어나고 있다. 이는 '환상 진동

증후군'이라고도 하는데, 실제로 진동이 울리지 않았는데도 진동을 느끼는 현상을 말한다. 이 증상이 심해질 경우 두통, 수면장애, 뇌 기능 저하 등 신체적 문제가 일어나기도 한다.

스마트폰의 전자파 역시 우리에게 부정적인 영향을 미친다. 미국 캘리포니아대학교(UC) 버클리 보건대학원 연구진은 서울대학교 의대 연구진과 함께 1999년부터 2015년까지 각 국가에서 수행된 관련 연구를 메타 분석했다. 그 결과 10년간 하루에 17분씩 휴대전화를 보거나, 1,000시간 넘게 휴대전화를 사용하면 암 종양 발생률이 60% 이상 높아진다는 사실을 알아냈다. 휴대전화의 전자파가 세포 메커니즘을 방해하고, 심각할 경우 DNA를 손상하거나 세포를 죽이는 스트레스성 단백질을 생성한다는 것이다[6].

스마트폰의 함정에 빠져 빼앗기고 있는 우리의 시간과 건강을 되찾으려면 먼저 지나친 검색에 대한 의존을 잠시 멈추어야 한다. 그 방법을 세 가지로 제안한다.

첫째, 디지털과 아날로그의 밸런스를 유지하자

2011년 〈뉴욕타임스(The New York Times)〉에서 실리콘밸리의 유명 사립학교를 취재한 적이 있다. 구글, 애플, 마이크로소프트와 같은 세계적인 IT 기업의 임원 자녀들이 다니는 페닌슐라 발도르프 학교(Waldorf School of the Peninsula)인데, 이 곳에는 IT 기기가 단 한 대도 없다. 심지어 학생들은 인터넷 사용법도 잘 몰랐다. 교사는 칠판 앞에서 분필을 써 가며 가르치고 있었고, 학생들은 종이책과 종이노트로 공부하고 있었다[7]. 학생들의 공감 능력과 창조적 상상력을 위해 디지털을 차단하고 아날로그를 추구하는 것이다.

실리콘밸리의 또 다른 사립학교인 그린우드 학교(Greenwood School) 도 비슷하다. 아치 더글러스 교장은 "내 안의 컴퓨터도 다룰 줄 모르는데 밖의 컴퓨터를 쥐 봤자 무슨 소용인가."라고 말하며 학생들로부터 디지털 기기를 멀리했다고 한다. 그는 학생들이 자신의 인격과 대인관계에 주목하고 다르게 사고하는 힘을 기르기를 바랐다. 그리고 나서 중학교 1~3학년에 이르러서야 디지털 리터러시와 시민성 수업을 받고 컴퓨터를 분해해 어떻게 작동하는지를 배우게 한 바 있다[8].

비단 학교 안에서만의 이야기가 아니다. 애플의 창업자인 스티브 잡스는 집에서 IT 기기를 철저하게 금지하는 문화를 만들고 자녀들에게 아이폰과 아이패드를 전혀 주지 않았다고 한다. 마이크로소프트의 빌 게이츠 역시 자녀들이 15세가 되기 전까지는 컴퓨터와 스마트폰을 제한했으며, 페이스북의 초대 사장 숀 파커도 IT 기기는 물론이고 페이스북을 비롯한 그 어떤 SNS도 하지 않은 것으로 알려져 있다.

세계적인 IT 산업의 메카인 실리콘밸리의 풍경은 이렇게 우리가 생각했던 것과 아주 다르다. 디지털이 중요하지 않아서가 아니라, 아날로그와의 균형이 더 중요하기 때문이다. 요즘 많이 생성되고 있는 워라밸, 워커

밸과 같은 신조어처럼 새롭게 정의해 보자면, 지금이 바로 디지털과 아날로그 간의 밸런스(균형), 즉 '디아밸'의 중요성이 대두되는 시점이다.

만약 지금 스마트폰과 물아일체(物我一體)가 되어, 궁금증이 생겼을 때 곧바로 사색 없는 검색을 하고 있다면 잠시 스마트폰과의 '거리두기'가 필요하다. 그 필요성을 먼저 깨달은 곳들이 있다. 미국 필라델피아의 라콜롬브(La Colombe) 커피 하우스는 고객이 커피와 일행들에게만 집중할 수 있도록 카페 내 인터넷 와이파이를 제공하지 않는다. 또 미국 보스턴의 호텔 만다린오리엔탈(Mandarin Oriental)에서는 체크인할 때 스마트폰을 맡기고 운동과 마사지, 점심식사를 하는 프로그램을 운영했으며, 뉴욕의 더제임스노마드(The James Nomad) 호텔에서는 노테크(technology-free) 옵션 선택 시 숙박 비용의 10%를 할인해 주었다[9].

이것은 카페와 호텔에서만 가능한 일이 아니다. 개인이 스스로 디아밸을 실천하는 방법은 어렵지 않다. 가까운 친구나 가족과의 대화가 온라인상에서 메시지와 이모티콘으로만 이루어지고 있다면, 적어도 특별한 날만큼은 손글씨로 마음을 표현해 보는 게 어떨까? 긴 내용이 아니라도 좋다. 어릴 적 부모님이 외출하실 때 식탁이나 냉장고에 써 붙여 두셨던 추억 속 짧은 메모처럼 말이다. 보고 싶은 지인의 안부도 SNS로만 확인하지 말고, 직접 만나 진솔한 이야기로 나눠 보자. 쉼 없이 울려대는 스마트폰 메신저 알림으로부터 방해받지 않으려면, 대화 중 잠시 무음으로 해 두는 것도 좋은 방법이 될 수 있다.

둘째, 멀티태스킹의 함정에서 벗어나자

재택근무 중인 직장인 C씨는 팀원들과의 업무 미팅을 회사에 가지 않고 주로 화상회의 스페이스에서 온라인으로 실시한다. 미팅 중 등장하는 낯선 트렌드 용어나 잘 알지 못하는 경영 이론 등을 마주하면, 검색엔진을 열어 실시간으로 검색한다. 갑자기 날아드는 두세 건의 업무 메신저쯤은 아무 문제 없이 답할 수 있다. 노트북 화면에 열려 있는 작업 창은 어느새 9개가 되었고 회의는 여전히 진행 중이지만 C씨는 이 모든 일을 한 번에 다 해내고 있다.

과연 그럴까? 창의적 문제해결을 위한 사고법을 다룬 책「스마트 싱킹」(Smart Thinking)의 저자 아트 마크먼(Art Markman)은 멀티태스킹을 '악마'라고 불렀다. 그뿐만 아니라 대부분의 인지심리학자도 어떤 일을 동시에 한다는 것은 거의 불가능하다고 말한다. 정확하게는 두 가지 이상의 일을 동시에 하는 게 아니라, 매우 빠르게 '전환' 작업을 하고 있을 뿐이라는 것이다. 마치 우리가 컴퓨터 작업 중에 단축키 [Alt]+[Tab]을 이용해 작업 창을 전환하는 것처럼 말이다.

이 전환 작업을 잘하려면, 어떤 정보에는 주의를 기울이고 다른 정보들은 무시하는 '선택적 주의'(Selective Attention) 능력이 필요한데 이것이 실제로는 매우 어려운 일이라고 한다. 최근 이뤄진 다양한 연구를 살펴봐도, 일이나 공부를 할 때 아무리 간단한 동작이라도 함께 하게 되면 결과가 좋지 않음을 분명히 알 수 있다. 예를 들어, 껌을 씹으며 단어를 암기하면 오롯이 단어만 암기했을 때보다 점수가 낮게 나온다거나, 운전 중에 핸즈프리를 사용하더라도 사고율이 별로 줄어들지 않는 등의 연구 결과가 있다.[10]

그런데도 우리는 멀티태스킹을 잘하고 있다고 믿는다. 그래서 직장인들은 회의 중 궁금한 점이 생기면 실시간으로 인터넷 검색을 하느라 정작 회의 중 언급되는 중요한 내용을 놓치게 된다. 학생들은 선생님에게 질문하여 답을 얻고 스스로 사색하는 대신 검색으로 사실 여부를 확인하는데, 그 짧은 순간 수업 내용을 놓치게 된다. 검색뿐만 아니라 업무 중 음악을 듣거나 메시지를 주고받는 등의 모든 행위를 멀티태스킹하고 있다고 믿지만, 이는 허상이다. 그러므로 만약 무언가에 집중하여 제대로 일하거나 공부하고 싶다면, 스마트폰 알림을 잠시 끄거나 무음으로 바꿔 두자. 검색하고 싶은 것이 있다면, 지금 집중하고 있는 일이 모두 끝난 후로 잠시 미뤄 두자. 당장 멀티태스킹의 함정에서 빠져나와야 한다.

셋째, 검색? 하려면 제대로 하자

그렇다고 정보의 홍수 시대에 살고 있는 우리로서 인터넷 검색을 안 할 수는 없다. 하지만 검색을 하느라 시간과 에너지를 지나치게 많이 빼앗기고 있다면, 분명 제대로 검색하지 못하고 있다는 뜻이다. 최근 '구글푸'(Google-fu)라는 용어가 IT 업계를 중심으로 널리 퍼지고 있다고 한다. 구글푸란 검색엔진 '구글'(Google)과 중국에서 유래한 무술 '쿵푸'(Kungfu)를 합쳐 줄인 신조어다('쿵푸'는 외래어표기법에 따라 '쿵후'로 표기하는 것이 맞으나, '구글푸'라는 신조어를 설명하기 위해 이 책에서는 '쿵푸'로 임의 표기하겠다). 이는 '구글링'이 의미하는 단순한 검색의 행위에서 나아가 '검색을 통해 필요한 정보를 빠르고 정확하게 찾아내는 기술과 능력'을 뜻한다. 쿵푸의 다양한 기술이 개인마다 각기 다른 기본

기와 단련법으로 연마되는 것처럼, 원하는 정보를 정확하고 빠르게 찾아내 활용하는 능력도 개인마다 차이가 있기 때문이다. 그래서 구글푸의 고수가 되려면 정보를 빠르게 찾아 활용할 뿐 아니라, 그 정보를 분석하고 비판하여 문제해결과 소통에까지 활용할 줄 알아야 한다.[11]

궁금한 모든 것을 검색하는 당신, 과연 얼마나 제대로 검색하고 있는가? 아래의 방법을 참고하여 똑똑하게 검색해 보자.

1) 정확히 일치하는 키워드가 있다면?

정확히 일치하는 키워드를 큰따옴표("")로 묶어 준다. 예를 들어 '다시'와 '사랑한다', '말할까'의 각 단어가 일부 포함된 결과가 아닌 '다시 사랑한다 말할까'의 문장을 그대로 검색하고 싶다면 큰따옴표 사이에 '다시 사랑한다 말할까'를 넣어서 검색하는 것이다. 이때 큰따옴표와 키워드 사이는 띄우지 않아야 한다.

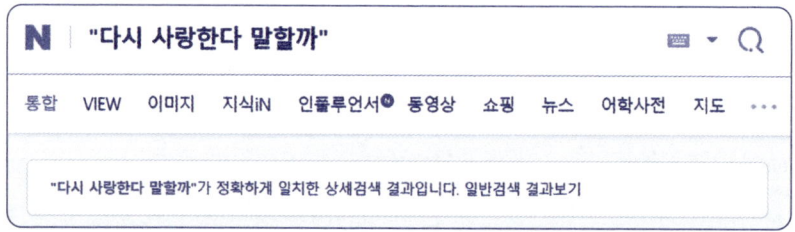

2) 반드시 포함할 키워드가 있다면?

반드시 포함할 키워드 앞에 플러스(+) 기호를 입력한다. 예를 들어 서울의 맛집 정보, 그중에서도 '파스타'가 포함된 검색 결과를 보고 싶다면 '서울 맛집 +파스타'라고 입력하면 된다. 이때 플러스 기호와 키워드 사이는 띄우지 않아야 한다.

3) 반드시 제외할 키워드가 있다면?

반드시 제외할 키워드 앞에는 마이너스(-) 기호를 입력한다. 예를 들어 서울의 맛집 정보, 그중에서도 '피자'를 제외한 검색 결과를 보고 싶다면 '서울 맛집 -피자'라고 입력하면 된다. 이때에도 역시 마이너스 기호와 키워드 사이는 띄우지 않아야 한다. 응용해 보자면, 서울의 맛집 정보 중 '파스타'는 포함하고 '피자'는 제외한 검색 결과를 보려면 아래의 그림과 같이 입력하면 된다. 그리고 이 세 가지 방법은 국내 1위 검색엔진인 '네이버'와 세계 1위 검색엔진인 '구글' 모두에 공통으로 해당하는 방법이니 활용할 만하다.

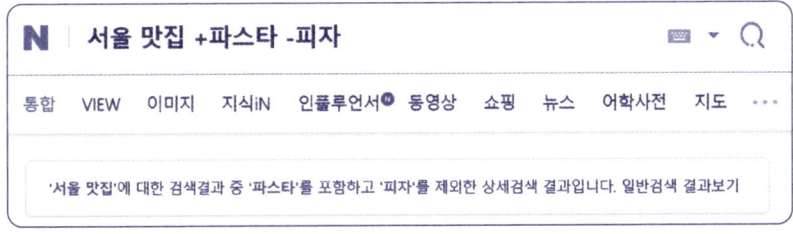

또한 국내 검색엔진의 어학사전을 통해 특정 글자로 시작하거나 끝나는 단어를 검색할 때는 별(*)을 입력하면 된다. 예를 들어 'pre'로 시작하는 영어단어를 검색하려면 'pre' 뒤에 별을 붙여서 입력하고, 'ship'으로

끝나는 단어를 검색하려면 'ship' 앞에 별을 붙여서 입력하는 것이다. 한글의 경우도 마찬가지다.

그 밖에도 각 검색엔진의 고객센터 페이지에서 상세 검색 방법을 확인할 수 있으니 이를 참고하여 똑똑하게 검색할 것을 제안한다. 무작정 검색하여 얻게 되는 부정확한 정보의 덫에 걸리지 말고, 지금껏 검색에 빼앗긴 당신의 시간과 건강, 사고력을 되찾길 바란다.

03
이제 사색을 ON 하라

꺼질 줄 모르는 '검색' 버튼으로 고독 결핍에 빠졌는가?
이제 '사색' 버튼을 켜는 세 가지 방법을 소개한다.

고독 결핍에 빠진 사람들

혼자서 해외여행을 자주 떠나는 직장인 D씨는 지인들로부터 혼자 여행하는 것이 정말 좋냐는 질문을 자주 받는다. 그때마다 그는 이렇게 대답한다.

"말이 통하지 않는 나라에서 혼자 여행하면, 대화를 나눌 상대가 없어요. 그래서 자연스레 혼자만의 사색에 자주 잠기게 되죠. 누구의 방해도 받지 않고 깊은 사색 속에 빠졌다가 나오면, 그동안 저를 긴장하고 조급하게 만들던 생각들이 모두 사라져요. 일상에선 풀리지 않던 일들도 머릿속에서 정리된답니다. 그래서 혼자 하는 여행이 좋아요."

조지타운대학교의 칼 뉴포트(Carl Newport) 교수는 자신의 저서 「디지털 미니멀리즘」(Digital Minimalism)에서 '외부로부터 입력되는 정보에서 벗어나 혼자 생각하는 시간을 거의 갖지 못하는 상태'를 '고독 결핍'이라고 정의했다. 그리고 고질적인 고독 결핍에 시달리면 삶의 질이 나빠진다고 설명했다[12]. 이것은 아마도 이 시대의 많은 사람들이 공통으로 보이는 상태일 것이다. 스스로 생각하고 사색하지 않으면 인간은 결국 아무것도 아닌 존재가 된다.

상황은 조금 다르지만, 사색이 얼마나 중요한 것인지 피부로 와닿는 사례가 우리나라에도 있었다. 1905년, 을사늑약 체결 이후 일본이 우리나라를 통치하게 되었는데, 이때 그들이 가장 먼저 한 일이 바로 우리나라의 언어를 빼앗는 일이었다. 우리나라 고유의 언어로 말을 하거나 글을 쓰지 못하게 했으며, 학교의 교과서도 일본의 침략 정책에 맞도록 편찬했다. 그리고 스스로 생각하게 하는 인문교육보다는 실업교육을 강조해 우리 민족의 우민화를 꾀하고 저급한 노동력을 양성하여 경제적 수탈을 원활하게 했다.

그들은 왜 이런 방법을 선택했을까? 바로 우리나라 사람들을 스스로 사색하지 못하게 하기 위함이다. 언어는 단순히 의사소통을 위한 도구의 역할을 넘어, 생각과 행동을 다스리고 문화를 만들기 때문이다. 그래서 실제로 과거의 많은 식민 통치 국가들이 식민지에서 가장 먼저 언어를 억압했다. 1945년 해방 이후 우리는 언어를 되찾았지만, 교육방식은 과거의 우민화 교육에서 크게 달라지지 못했다. 그래서 이렇게 자란 학생들은 사색할 시간에 영어단어를 하나 더 외우고 스펙을 하나라도 더 쌓아야 했다.

작가 이지성은 자신의 저서에서 전혀 다른 방식의 교육을 받은 한국인과 유대인을 비교한 바 있다. 우리나라는 국민 평균 아이큐가 세계 185개국 중 2위였고 2012년 국제수학올림피아드에서 1위를 차지하기도 했지만, 지금껏 노벨상 수상자는 단 한 명에 불과했다. 하지만 유대인은 국민 평균 아이큐가 26위이고 2012년 국제수학올림피아드에서는 33위를 했지만, 노벨상 수상자가 현재까지 약 200명에 달한다는 것. 이러한 차이를 가져온 이유로 이지성 작가는 교육방식을 지적했다. 유대 교육은 꿈과 인문학을 가르치고 고전을 읽도록 하며 사색하고 토론하게끔 했기 때문이란 것이다[13].

이제라도 늦지 않았다. 꺼질 줄 모르는 '검색' 버튼을 통해 쫓기듯 수많은 정보를 머릿속에 입력하고 있다면, 이제라도 '사색' 버튼을 켜 보자.

읽지 않는 사람들

'스압주의'

인터넷 세상을 다니다 보면 쉽게 발견할 수 있는 문구로, '스크롤 압박'의 줄임말인 '스압'을 경고하는 말이다. 게시된 글의 분량이 많아 스크롤 바를 계속 내려가며 긴 글을 읽어야 함을 작성자가 미리 표시해 주는 말인 셈이다. 또한 긴 글의 끝에는 '내용 요약해서 말씀해 주실 분?' 혹은 '글 읽기 전에 댓글 먼저 보러 옴'이라는 댓글을 종종 발견할 수 있는데,

이 모두 사람들이 긴 글을 읽지 않으려 한다는 것을 보여 주고 있다.

그런데 이는 우리나라만의 현상이 아니다. 전 세계적으로 이미 글을 읽지 않으려는 현상이 매우 많아졌다. 우리나라의 '스압주의'와 비슷한 말로 영어권에서는 '너무 길어서 읽지 않았다'는 의미의 'tl;dr(too long; didn't read)'이라는 표현을 쓰고 있다. 인터넷상에서 작성자가 긴 글을 작성한 후 글의 마지막에 'tl;dr'을 입력하고 요약문을 남기거나, 읽으려는 글이 너무 길 때 독자가 끝까지 읽지 않고 'tl;dr'이라는 댓글을 남기는 식으로 사용된다.

이런 현상이 많아짐에 따라 도서, 영화, TV 프로그램 등 다양한 콘텐츠를 요약하여 제공하는 서머리(Summary, 요약) 산업이 발전하고 있고, 페이스북을 비롯한 국내외 많은 기업에서는 뉴스, 전화 통화, 논문 등을 요약해 주는 AI를 개발하고 서비스를 출시하기 시작했다. 그리고 요약하는 과정에서 본래의 취지나 내용이 왜곡되거나 가짜뉴스가 생산되는 리스크도 피할 수는 없다.

읽지 않고도 짧은 시간 내에 쉽게 알아볼 수 있는 영상과 이미지의 세상이 되었는데, 굳이 읽어야 하는가에 대한 의문이 남을 수 있다. 하지만 사람들의 이목을 집중시키기 위해 점점 더 자극적으로 변하고 있는 이미지와 짧은 텍스트는 사람들을 생각하지 않게 하고 정보를 왜곡하게 만들기 때문에 위험하다.

또한 교과서와 같은 학습 도구에서부터 일상생활에 필요한 각종 문서, 그리고 진학과 취업의 모든 테스트 과정이 대부분 글로 이루어져 있지 않은가. 사회에서 요구하는 기본적인 능력은 바로 글을 이해하고 문제를 해결하는 능력임이 분명한 사실이다. 읽는 것에 익숙하지 않으면 읽는 것을 피하게 되고, 읽는 것에 훈련되지 않으면 문해력도 떨어질 수밖에 없다.

일단, 읽어라

"모두가 비슷한 생각을 한다는 것은, 아무도 생각하지 않는다는 말이다."
- 아인슈타인

우리가 외국어를 배우는 이유는 세상의 가치 있는 정보와 지식이 많은 부분 외국어로 기술되어 있기 때문이다. 각종 분야의 선행 연구자료도 외국어로 작성된 것이 훨씬 많다. 즉, 외국어를 할 줄 안다는 것은 더 좋은 정보를 취득할 수 있는 능력으로 연결되고, 이는 곧 더 다양한 지식을 얻을 수 있다는 뜻이다. 사색도 마찬가지다. 지금보다 더 넓고 깊이 있게 사색하기 위해서는 사색의 씨앗이 되는 글과 책을 읽어야 한다. 그렇게 읽은 것들에서부터 사색이 시작되기 때문이다.

하지만 사람들은 읽지 않는다. 2019년 12월부터 2020년 1월까지 문화체육관광부에서 실시한 2019년 국민 독서실태 조사 결과에 따르면, 만 19세 이상 성인 중 지난 1년간 교과서 · 학습참고서 · 수험서를 제외한 일반도서를 한 권 이상 읽은 연간 독서율이 종이책 기준으로 52.1%밖에 되지 않았다. 2009년 성인의 종이책 독서율이 71.7%였으니 지난 10년 사이 약 20%나 감소한 결과이며, 아래의 그래프에서 볼 수 있듯이 시간이 갈수록 독서율은 급격히 낮아지고 있다.

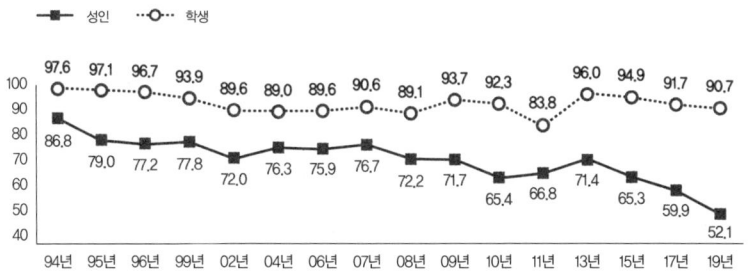

성인과 학생의 '종이책 독서율' 변화 추이 (단위: %)

독서량을 살펴보자면, 종이책 기준의 연간 독서량이 성인 전체 평균 6.1권이고, 전자책과 오디오북을 포함한 연간 종합 독서량은 성인 전체 평균 7.5권으로 매우 낮게 나타났다. 또한 2015년 UN이 발표한 세계 각국의 연간 평균 독서량에서도, 미국 79.2권, 프랑스 70.8권, 일본 73.2권인 것에 비해 우리나라는 9.6권으로 나타나, 전체 192개국 중 166위로 하위권에 속한 바 있다.

하지만 책이 우리에게 많은 이점을 가져다준다는 것을 대부분의 사람은 이미 잘 알고 있다. 독서를 하는 동안 사고하고 상상하게 돼 뇌가 활발히 자극되고, 이를 습관화하면 뇌가 활동적인 상태로 유지되어 치매 예방은 물론 사고력도 좋아진다고 배워 왔다. 또한 독서를 통해 얻게 되는 지식과 정보는 책 읽는 사람의 견문을 넓혀 주고, 간접 경험을 통해 타인에 대한 공감 능력을 향상해 줄 뿐만 아니라 문제해결력까지 키워 준다.

실제로 유명 CEO 중에도 독서광으로 알려진 사람들이 많다. 페이스북을 만든 마크 저커버그(Mark Elliot Zuckerberg)는 컴퓨터밖에 모르는 괴짜가 아니라 한 해에 수십 권의 고전을 읽고 다양한 언어를 배우는 공붓벌레로 알려져 있으며, 소프트뱅크의 손정의(손 마사요시) 역시 약 6,000권 이상의 책을 읽으며 사업을 구상했다고 한다. 트위터의 공동창업자인 에반 윌리엄스(Evan Williams)도 집에 IT 기기 대신 거대한 서재를 책으로 가득 채우고 있다고 한다.

미국 스탠퍼드대학교의 흥미로운 논문이 하나 있다. 소설을 정독할 때와 대충 읽었을 때 뇌의 혈류량 변화를 연구했는데, 소설을 대충 읽었을 때와 달리 정독했을 때 주의력과 신체활동을 담당하는 부분이 활성화된 것이다. 더욱더 흥미로운 것은 디지털 기기로 된 책에 비해 종이로 된 책을 읽을 때 집중력이 더 좋다는 게 연구팀의 주장이다[14].

사색을 하려면 읽어야 한다. 수많은 자료를 찾아내고(search) 충분히 살펴보는 활동을 통해 특정 분야에 관한 연구(research)가 가능하듯, 훌륭한 글과 책을 읽고(read) 그것을 습관화함으로써 비로소 생각의 폭과 다양성을 넓힐 수 있다(spread).

그리고 사색하라

　인지 부조화 이론을 주창한 미국의 사회심리학자 레온 페스팅거(Leon Festinger)는 인간이 '합리적인 존재'가 아니라 '합리화하는 존재'라고 했다. 이솝 우화에 나오는 여우와 신 포도의 이야기에서 아무리 발돋움하고 애를 써도 포도에 닿지 않던 여우가 결국엔 "아무나 딸 테면 따라지. 어차피 저 포도는 엄청 시거든." 하고 돌아섰던 것처럼 말이다. 검색을 통해 얻은 정보를 사색 없이 수용하게 되면 결국 우리도 이솝 우화 속 여우처럼 옳고 그름에 관계없이 그 정보에 따라 자신을 합리화하게 된다. 더는 검색에만 끌려다니지 말고, 이제 사색을 하자.

　앞선 장(5Chapter)에서 소개한 가짜뉴스 분별법뿐만 아니라 아래의 10가지 질문을 통해 검색에서 사색으로 연결 짓는 연습을 해 보자.

1) 이 정보는 누가 만들고 제공하는가?
2) 이 정보를 만들고 제공한 의도는 무엇인가?
3) 여기에서 나타난 현상과 문제점은 무엇인가?
4) 그 문제의 근본 원인은 무엇인가?
5) 그 문제를 해결하기 위한 방안에는 어떤 것들이 있는가?
6) 이 정보를 접한 나는 지금 어떤 생각과 감정이 드는가?
7) 이 정보와 관련한 나의 또 다른 경험이 있는가?
8) 그때 나는 어떤 생각과 감정을 경험했는가?
9) 그때 경험한 문제의 원인과 해결방안은 무엇이었는가?
10) 만약 OO가 나라면 어떤 방법으로 문제를 해결했을까?
 (여기서 OO는 자신이 존경하는 사람이나 멘토가 될 수 있다)

사색을 위한 환경을 조성하라

사색을 더욱 잘하고 싶다면, 사색을 잘할 수 있는 환경을 만들면 된다. 먼저, 나만의 사색 '장소'를 정해 보자. 어디든 될 수 있다. 내가 가장 좋아하는 동네 카페가 될 수도 있고, 집 안의 욕실이나 식탁, 책상이 될 수도 있다. 다만 거리가 멀거나 가기 어려운 곳이라면 그곳으로 가기 위해 불필요한 노력을 기울여야 하므로 피하는 것이 좋다. 더 깊이 사색할 수 있는 방법에 관하여 많은 심리학자가 오래도록 연구한 끝에 알아낸 비밀은 다음과 같다. 아래 빈칸에 들어갈 말은 무엇일까?

"[   ]을 접할수록 뛰어난 집중력을 발휘할 수 있다."

2008년 미국 미시간대학교에서는 간단한 실험이 진행되었다. 실험 참여자들에게 미리 알려 준 숫자를 기억하게 했다. 그리고 50분간 한 그룹은 도심 속 공원을 산책하게 했고, 다른 그룹은 빌딩으로 가득한 복잡한 도심 거리를 걷게 했다. 산책을 마친 후 두 그룹을 비교했는데, 공원을 산책한 그룹이 숫자를 기억하는 정도가 약 16% 높은 것으로 나타났다.

그렇다. 빈칸에 들어갈 말은 바로 '자연'이다. 이 실험을 통해 미시간대학교 심리학 교수 마크 베르만(Marc Berman)은 자연과의 단순하고 짧은 교류만으로도 사색에 대한 눈에 띄는 진전을 가져올 수 있다고 설명했다. 자연 속에 있을 때 우리의 뇌에서는 기억력과 창의력을 높여 주는 신경전달물질인 세로토닌이 분비되고, 뇌파 역시 알파상태가 되기 때문이다. 더 놀라운 것은 10분간 자연이나 도심을 찍은 사진을 보는 것만으로도 우리의 뇌는 그 속에서 걷는 것과도 같은 착각에 빠진다는 것이다[15].

그러므로 우리도 가능하다면 점심시간이나 퇴근 이후, 휴일 등을 활용해 가까운 공원에서 산책해 보자. 만약 가까이에서 자연을 마주하기 어렵다면, 자연의 사진을 준비하는 것이 좋겠다. 수시로 사색하고 싶다면, 스마트폰 바탕화면에 자연의 사진을 설정해 두어도 좋고, 나만의 사색의 공간 벽면에 자연의 사진을 액자로 걸어 두어도 좋다.

다음으로, 사색의 '시간'을 정해 두는 것도 좋다. 우리는 모두 매일 바쁜 하루를 보내고 있기 때문에 사색할 시간이 많지 않다. 그러니 사색할 시간을 일부러라도 만들어 보자. 짧아도 좋다. 버려질 수 있는 자투리 시간을 활용하면 된다[16].

1) 아침에 눈을 떴을 때

아침에 눈을 떠 몸을 일으키기 직전 시간을 활용하자. 침대에서 일어나기 직전에 1~2분 정도 시간을 갖고 절대적으로 가만히 있는 방법이다. 여유를 갖고 그 날 있을 일, 자신이 해야 할 일 등을 떠올려 본다. 그러면 복잡했던 머릿속이 정리되고 훨씬 상쾌하게 하루를 시작할 수 있다.

2) 샤워할 때

이 방법은 많은 사람이 자주 활용하는 방법이다. 샤워하는 시간은 5분 정도로 매우 짧지만, 샤워하는 행위가 생각을 필요치 않은 단순한 행동이기 때문에 사색하기에 좋다. 혼자만의 안전한 곳에서 물소리를 들으며 사색한다면, 그 누구의 방해도 받지 않을 수 있다. 혹시 시간의 여유가 있다면 머릿속을 맴도는 문제까지 해결할 수도 있다.

3) 아침 식사할 때

아침 식사 중에 TV 뉴스를 시청하는 사람들이 많다. 하지만 가끔은 TV를 끌 것을 권한다. 가족과 함께 식사한다면 각자의 오늘에 관하여 이야기를 나누고, 혼자 식사한다면 혼자만의 사색에 잠겨 보는 게 어떨까? 식사가 끝나면 1~2분 정도 창밖을 내다보는 것도 효과적이다.

4) 출근할 때

검색을 통해 하루 동안 머릿속에 입력되는 정보는 많지만, 그것을 처리하고 출력하는 작업은 거의 이루어지지 않는다. 그러니 바쁜 출근 시간만큼은 우리의 머릿속에서 잠시 입력을 멈추어 보자. 만약 당신이 운전해서 출근한다면 라디오의 전원을 잠시 꺼 보자. 그리고 더 이상의 정보가 입력되는 것을 멈추고, 이미 입력되어 있는 정보를 처리할 수 있는 사색에 빠져 보자. 대중교통을 이용한다면, 이어폰에서 흘러나오는 음악이나 SNS 소식 대신, 같은 버스, 같은 지하철을 타고 있는 사람들과 내 주변 풍경에 집중해 보자. 매일 다니는 같은 길이지만, 분명 지금껏 눈치채지 못한 것들을 발견하게 될 것이다.

5) 일상 속에서

그 외에 당신의 일상 속에서 언제 어디서든 사색할 수 있다. 스마트폰 화면에서 잠시 눈을 떼고 주변을 둘러보라. 거리의 나뭇잎과 하늘의 색깔이 변하고 있고, 공기의 온도와 습도가 달라지고 있다. 일상 속에서 아름다운 순간을 발견한다면 잠시 멈추어 사진을 찍어 보자. 그런 후 사진에 자기 생각과 감정을 메모로 덧붙인다면 그것이 바로 나만의 사색 노트가 된다.

04
진짜 스마트한
내가 되는 법, 사색

검색을 통해 얻은 정보가 범람하여 지식과 지혜를 빼앗지 않도록,
사색을 통해 라이프 밸런스를 되찾자.

스마트폰이 없던 그 시절 우리

"오후 2시에 ○○ 백화점 지하 분수대 오른편 계단에서 만나는 거다!"

스마트폰이 없던 어린 시절, 친구와 만날 약속을 잡을 때면 늘 이렇게 장소를 구체적으로 정하곤 했다. 혹시라도 서로 엇갈려 지나치는 일이 없어야 했기 때문이다. 또 빠른 길 찾기나 버스 도착 시각 검색을 할 수 없었던 때라, 친구가 기다리지 않도록 집에서 여유롭게 일찍 출발했던 기억이 아직 생생하다. 약속 장소에 도착해서는, 언제 나타날지 모르는 친구를 기다리며 세상 구경에 나섰다. 분수대 앞에서 누군가를 기다리는 사람, 지나다 우연히 아는 이와 마주친 사람, 약속 상대가 나타나지 않아 발

을 동동 구르는 사람, 그리고 기다리던 상대를 만나 반가워하는 사람.

　재미있는 세상 구경을 하다 보면 생각이 꼬리에 꼬리를 물어, 지나는 사람들을 풍경 삼아 친구에 관한 생각에까지 연결되곤 했다. 우리가 오늘 만나서 나누려던 이야기, 오늘 가려는 팬시점, 어제 함께 먹은 떡볶이, 지난달에 함께 다녀온 소풍, 그리고 친구가 좋아하는 색깔과 캐릭터, 놀이, 과목을 떠올리다 보면 어느새 친구는 도착해 있었다. 기다림은 이내 반가움이 되었고, 이어 즐거움으로 번져 갔다.

　스마트폰으로 실시간 소통을 하는 지금과는 많이 다른 풍경이다. 지금은 교통 상황에 따라 약속 시각을 언제든지 늦추거나 앞당길 수 있게 되었다. 또 친구가 조금 늦어진다는 연락을 해 오면 우리는 스마트폰 세상으로 들어가 얼마든지 시간을 때울 수 있게 되었다. 대신 과거의 세상 구경이나 친구에 관한 생각은 더 하지 않게 되었다. 친구가 뭘 타고 오고 있을지, 지금쯤 어디만큼 왔을지, 오늘은 또 어떤 재미있는 이야기를 들려줄지 더는 생각하지 않는다.

사색을 통해 되찾는 라이프 밸런스

　정보(Information) 속에서 잃어버린 지식은 어디에 있는가?
　지식(Knowledge) 속에서 잃어버린 지혜는 어디에 있는가?
　지혜(Wisdom) 속에서 잃어버린 우리의 삶(Life)은 어디에 있는가?
　- 미국의 작가 토머스 엘리엇(Thomas Stearns Eliot)

스마트폰은 우리에게 편리함을 가져다주었지만, 스스로 사색할 기회를 앗아갔다. 우리의 라이프 밸런스를 무너뜨리는 것은 어쩌면 '워라밸'의 '워크'(Work)가 아니라 '사색 없는 검색'이 아닐까. 스마트폰에 끌려다니는 내가 아니라 진짜 스마트한 내가 되고 싶다면, 사색하자. 검색을 통해 얻은 '정보'가 범람하여, 우리의 머릿속에서 '지식'이 머물 곳을 빼앗지 않도록 하자. 깊은 사색을 통해 '지혜'를 얻고, 우리의 '삶'을 더욱더 단단하게 만들어 나가자.

7
Chapter

감정 리부팅

누구나 감정 때문에 어려움을 겪는 시대에 살고 있다. 그러나 밀려오는 다양한 감정을 억압하고 외면하다가 나에게 정신적 또는 신체적으로 부정적 영향을 미치거나 타인에게 왜곡된 감정표출로 후회해 본 적은 없는가? 리부팅 시대, 현재에 부합하는 방식으로 내부에서 일어나는 내 감정을 바라보고 인정하는 법, 그리고 외부로 향하는 감정을 현명하게 표현하는 방법을 알아보자.

01
내겐 너무 버거운 감정

리부팅시대에 우리가 직면하고 있는
다양한 개인적, 사회적 감정을 어떻게 다스리고 표현할 것인가?

만약 우리에게 감정이 사라진다면?

감정을 느끼지 못하는 사람들이 있다. 한 이상 물질에 의해 감염된 것이다. 큰 거미가 당장 눈앞에 나타나도, 옥상에서 사람이 떨어져 죽어도 사람들은 아무렇지 않게 그 상황을 지켜본다. 그리곤 아무 일도 없다는 듯 다시 본인의 일상으로 돌아간다. 거리는 이상하리만치 질서정연하고 사람들은 무표정하다.

2007년 개봉한 올리버 히르비겔 감독의 영화 '인베이젼'(Invasion)의 스토리다. 이 영화에서는 외계 생명체가 인간을 지배하기 위해 의도적으로 이상한 물질을 지구에 전파되게끔 한다. 그로 인해 감염된 사람들은 어떤 감정도 느끼지 못한다. 영화의 한 스토리 설정이라고 생각할 수 있다.

하지만 실제로 현실에서도 '감정표현 불능증'이라는 질환이 있다. '알렉시티미아'(Alexithymia)라고도 하는데 사실 완전히 감정을 느끼지 못한다기보다는 감정을 인식하고 적절히 표현하는 능력이 부족한 것을 말한다.

이들이 아예 감정을 느끼지 못하는 것은 아니다. 감정으로 인한 신체적 반응도 나타난다. 그러나 결정적으로 그것을 언어로 옮겨 표현하는 것을 어려워한다. 예를 들어 사람들은 행복하면 얼굴이 발그스름해지고 가슴이 콩닥거리며 호흡이 편안해진다. 화가 날 때는 몸에서 열이 나고 호흡이 거칠어지고 심장 박동이 빨라진다. 일반적인 사람들은 이럴 때 '난 정말 행복해' 또는 '너무 화가 나!'라고 감정을 '인식'하고 그에 맞는 대처가 가능하지만 '감정표현 불능증'을 겪는 사람은 그것이 다소 어려운 일이다. 이렇게 감정을 제대로 인지하지 못한다면 우리에게 불편함을 안겨 줄 뿐이다.

누구나 감정 때문에 힘들다

어떤 회사원은 마주하기 싫은 누군가와 함께 일하고 밥을 먹어야 하고 학생은 입시라는 목표 아래 경쟁 속에서 시간을 보내야 한다. 육아하는 엄마는 하루에도 몇 번씩 인내심의 바다를 마주하게 되고 혼자 사는 할아버지와 할머니의 고독은 적막과 같다.

마음이 버겁고 힘들 땐 감정이 없었으면 좋겠다는 생각이 들 수도 있다. 우린 자주 감정에 동요되기 때문이다. 어쩌면 매일 감정의 파도 속에 살고 있다고 해도 과언이 아니다. 일상을 살아가는 우리 모두가 사실은 감정으로 어려움을 겪고 있다.

시대가 빠르게 변하면서 업무를 하며 자신의 감정을 드러낼 수 없는 감정노동 또한 점점 진화해 간다. 예전에는 승무원, 판매직원, 콜센터 상담원처럼 대면 또는 비대면으로 직접 사람들을 상대하는 직업을 가진 사람들에 대해 감정노동을 한다고 하였다. 그러나 이제는 모바일을 통한 감정노동까지 살펴봐야 한다. 우리는 플랫폼을 통해 공산품과 음식 외 가사노동, 개인 강습 등을 쉼 없이 소비한다. 그 후 플랫폼은 고객에게 별점을 매기고 후기를 작성해 달라고 요청한다[1].

그로 인해 어떤 이들은 별점과 후기를 무기로 터무니없는 서비스를 강요하고 보복하는 경우들이 생긴다. 고객의 '감정적 만족'을 받아 내지 못하면 혹평이 쏟아진다. 평가를 받는 이들은 "후기를 보고 고칠 점을 배울 때도 있지만, 인격적 모멸감에 시달릴 때도 적지 않다."라고 호소했다. 그렇기 때문에 이제는 이러한 별점 노동, 후기 노동까지도 감정노동이라고 재정의해야 한다. 디지털 혁신을 통한 플랫폼의 활성화는 우리에게 굉장한 편리함을 주었다. 그러나 그 이면에서 감정적으로 고통받는 이들을 살펴봐야 할 필요가 있다.

코로나19가 등장한 후에는 자유로웠던 우리의 발이 묶였다. 그뿐만 아니다. 우리의 주머니도 함께 묶였다. 신체적으로도 경제적으로도 자유롭지 못한 우리 사회는 점점 병들어 갔다. 처음 코로나19가 등장하고 집단

감염 사례들이 뉴스에 연일 보도되었을 때 사람들이 느낀 감정은 '불안'이었다[2]. 이후 사회적 거리두기로 생활이 크게 바뀐 후 사람들은 무기력증과 우울감을 겪었으며, 코로나19 장기화 이후에는 감염 예방 수칙을 지키지 않는 자에 대해서 분노와 혐오의 감정까지 나타나게 되었다. 코로나19로 성인 8명 중 1명은 극단적 선택을 고민한 적이 있고[3], '코로나키즈'로 불리는 아이들은 신체적, 언어적 발달지연뿐 아니라 정서적 발달지연 문제까지 겪었다[4]. 그 외에 10대, 20대 그리고 노인들까지 저마다 팬데믹 앞에서 남녀노소 구분 없이 다양한 감정변화로 어려움을 겪었다. 많은 전문가들은 위드코로나를 넘어 애프터코로나 이후에도 모든 것이 완전히 예전으로 돌아가지는 않을 것으로 전망한다.

감정의 잘못된 표출, 혐오

'혐오'의 감정은 우리 사회에 넓고 깊게 파고들었다. 각종 넘쳐나는 혐오 용어들이 그 증거다. 2010년대 중반부터 사람들은 본인이 폄하하고 싶은 존재 뒤에 '충(蟲)'이라는 단어를 넣어 혐오하기 시작했다. 맘충, 한남충, 진지충에 이어 '○○충' 용어는 한때 유행하고 사라지는 흔한 신조어들과 달리 사그라지지 않았다. 현재는 아빠 월급이 200만원인 것을 뜻하는 '200충', 틀니를 딱딱거린다는 뜻으로 노인을 비하하는 '틀딱충'과 같은 용어들까지 등장했다. 그 외에 세대별, 성별, 지역별, 이념별 혐오의 표현은 너무나도 다양하다.

이런 혐오 문화는 코로나19 발병 당시 더욱 퍼져 나갔다. 코로나19 발생 후, 처음엔 인종으로, 그다음엔 종교, 특정 지역 등으로 번졌다. 확진자가 걷잡을 수 없이 증가했을 땐 혐오의 화살이 모두에게로 돌아갔다. 마치 그 분노가 누군가를 혐오해야만 풀릴 것처럼 말이다. 이 계기로 혐오의 불길은 더욱 확산되었다.

혐오는 진화했고 우리는 경직되었다. 혐오의 화살은 누구에게나 향해 있다. 혐오의 화살을 당긴 사람은 일시적 쾌락과 단순 감정 분출 또는 스트레스를 해소한다는 착각을 한다. 하지만 화살을 맞은 사람에게는 우울감과 모멸감 같은 깊은 생채기가 난다. 이젠 나의 발언이 어떤 혐오로 돌아올지 너무나도 조심스러운 사회다. '이런 꼬리표를 붙일 필요가 있을까?' 싶을 정도의 세분된 혐오 표현들은 모두를 나누고 분열을 만든다. 혐오문화가 없어지기 위해서는 사회 구조적 변화와 함께 개인의 윤리적 의식도 중요하다.

감정이 내게 말을 걸 때

감정은 쉼 없이 우리에게 말을 걸고 신호를 보낸다. 그런데 그 신호를 무시한다면 그 대가는 고스란히 우리가 치러야 할 수밖에 없다. 감정을 억압하면 정신적인 문제를 겪을 뿐 아니라, 소화불량이나 만성피로, 편두통 등 신체적인 문제 또한 겪게 된다. 그뿐만 아니라 다른 사람과의 관계에도 영향을 준다. 상대방에게 상했던 감정을 꾹 눌러 버리면 오히려 별것 아닌 자극에도 쉽게 폭발해 버린다. 또한 감정이 화풀이라는 이름으로 엉뚱한 곳으로 번져 버리기도 한다. 그 대상이 가까운 지인들인 것도 안타까운 일이다. 그런데 일면식도 없던 감정노동자들이나 키보드를 앞에 두고 모니터를 통해 마주하게 된 사람 등 생판 모르는 사람들이 화풀이의 대상이 되는 경우가 생긴다면 또 그들은 어떤 감정적 어려움을 겪게 될까?

세상이 빠르게 변화하고 기술은 나날이 발전하지만 그 안에서 변하지 않는 것이 있다면 바로 인간의 감정일 것이다. 이 감정이 있기에 인간이라 할 수 있지만 나의 감정을 제대로 알고 관리하는 것은 쉬운 일이 아니다. 어떻게 하면 '내겐 너무 버거운 그 감정'을 마주하고 다스리고 표현할 수 있을까? 좀 더 나은 나를 위해 감정을 리부팅하는 방법을 알아보자.

02
내부에 일어나는 감정

마음을 마주하여 감정을 파악하고 컨트롤하는 방법과
몸을 움직여 감정을 환기시키는 방법을 알아보자.

나도 내 마음을 모르겠어!

A씨는 유능한 직장인으로 사내에서 인정을 받고 있다. 그녀는 업무능력 외에 차분하고 침착한 성격까지 갖추고 있다. 주변 사람들은 그녀가 크게 소리를 지른 적도, 질책하는 것도 본 적이 없다고 한다. 그러나 그녀는 크게 웃으며 기뻐하는 모습을 보인 적도 없다. 업무가 끝나고 집으로 돌아올 땐 큰 피로감을 느낀다. 하지만 그녀조차 그게 어떤 감정인지 알 수 없다. 힘겹게 집으로 돌아와 보니 거실은 장난감으로 난장판이 되어 있고 먼저 퇴근한 남편이 먹고 남긴 배달 음식은 그대로 식탁 위에 있다. 반갑게 웃는 가족에게 이내 감정이 터져 버린다.

온종일 꾹꾹 눌러 버린 감정은 이렇게 엉뚱한 자극에 터져 버린다. 그리고 지속적으로 감정이 억압되면 내가 정말 어떤 감정을 느끼는지조차 알 수 없다. "나도 내 마음을 도무지 모르겠어!"라는 말이 절로 나온다. 그러나 감정은 억압받고 외면한다고 사라지지 않는다. 오히려 마음속 깊이 더 깊게 자리 잡는다.

감정에 동요되어 일상생활에 영향을 미치거나 어려움을 느낀다면 내부에 일어나는 감정을 파악하고 조절하는 것이 도움이 될 것이다. 그 방법으로 크게 두 가지를 제시하고자 한다. 우선 첫 번째 '마음은 Looking'에서는 마음을 마주하여 감정을 파악하고 컨트롤하는 것을 알아본다. 그리고 두 번째 '몸은 Acting'에서는 몸을 움직이며 감정을 환기시키는 방법을 알아보자.

마음은 Looking

우리는 인지하지 못하더라도 매 순간 다양한 감정을 느끼고 있다. 내가 실패한 프로젝트를 누군가가 성공적으로 수행했을 때는 질투와 자괴감을 느낄 수 있다. 사랑하는 사람과 결혼하는 날은 말로 표현할 수 없는 행복감을 느끼고 누군가 지나가다 발을 밟았는데 사과 한마디 없다면 화가 난다. 이렇게 크고 작은 감정들이 결국은 '나'라는 사람을 이룬다.

그러므로 우리가 느끼는 감정을 잘 알고 있다면 '나'에 대한 이해도가 높아진다. 또한 감정을 잘 다스릴 수 있으며 그에 따라 판단하고 잘 대처할 수 있다. 그렇다면 어떻게 내 감정을 바라볼 수 있을까? 이제는 나를 직면해야 할 시간이다. 아래 2가지 방법으로 마음을 들여다보자.

1) 감정인지의 3 STEP

첫 번째 단계는 '웨더링'(Weathering)이다. 가장 쉽게 나의 감정을 인식하는 단계다. 방법은 매일 밤 잠들기 전 하루의 대표적 감정을 스마트폰 캘린더나 다이어리에 날씨로 기록해 둔다. 처음에는 '맑음', '흐림', '비내림', '태풍'으로 간단히 나눌 수 있고, 습관화된다면 좀 더 구체적으로 표현할 수 있다. 예를 들면 '햇살도 좋고 바람도 시원한 날'이라든가 '햇볕이 뜨겁게 작렬하는 날' 또는 '온종일 추적추적 비가 내리는 날', '천둥번개를 동반한 강한 비가 내리는 날' 등등 여러 가지 표현이 가능하다.

두 번째 단계는 '네이밍'(Naming)이다. 첫 번째 단계에서 모호한 내 감정을 날씨로 표현하여 인식하기 시작했다면 이제는 내 감정에 직접 이름을 붙이는 단계라고 볼 수 있다. 사실 우리는 누군가 "기분이 어때?"라고 물어본다면 뭉뚱그려 표현하는 경우가 많다. 다양하게 표현할 수 있는 감정들을 '좋아', '그냥 그래' 등으로 대강 이야기한다. 물론 인사치레로 물어보는 질문이라고 생각해 간단히 얘기할 수도 있다. 그러나 내 기분을 정확히 표현하려고 노력하지 않으면 정말 내가 느끼는 감정들이 어떻게 좋고 어떻게 별로인지 인식하기 어렵다.

우리말에는 내 감정을 다양하게 표현할 수 있는 언어가 굉장히 많다. 서울대 심리학과 민경환 교수팀 연구에 의하면 우리말의 감정 단어는 430여 개쯤 된다.[5] 수많은 감정 단어 중 우리가 많이 사용하는 감정을 [표

1]로 제시한다. 그 외에도 나의 감정을 표현할 수 있는 단어들은 다양하다. [표1]을 바탕으로 감정을 인식하다가 단어를 점점 늘려 가면 좋다.

아래와 같은 단어들을 활용해서 첫 번째 단계와 같이 내 감정을 기록한다. 갑자기 단어로 내 감정을 쓰는 것이 막연한 느낌이 든다면, 우선 감정을 날씨로 표현해 보고 그 옆에 그에 따른 감정을 표기하면 된다. 이러한 작업이 익숙해졌다면 그다음에는 오늘 하루를 대표할 수 있는 감정 단어를 세 가지 뽑고 그 이유를 간단히 적어 보자. 나중에 기록했던 감정 단어들을 다시 보게 된다면 내가 느낀 감정들이 얼마나 다양한지 알게 된다.

[표1] '네이밍(Naming)'에 필요한 감정단어

구분	1	2	3	4	5	6	7
기쁨	감동적이다	설레다	신나다	재미있다	편안하다	행복하다	홀가분하다
두려움	걱정하다	긴장하다	당황하다	두렵다	무섭다	불안하다	혼란스럽다
분노	답답하다	밉다	분하다	억울하다	원망스럽다	지긋지긋하다	짜증나다
불쾌	곤란하다	귀찮다	부담스럽다	지루하다	불편하다	어색하다	황당하다
슬픔	괴롭다	서럽다	서운하다	속상하다	외롭다	우울하다	허전하다

세 번째 단계는 '저널링'(Journaling)이다. 말하자면 내가 느낀 감정을 글로 쓰는 것이다. 전국정신건강협회(NAMI)에 따르면 '저널링'은 가장 간단하고 효과적인 대처 매커니즘 중 하나이지만 가장 활용도가 낮은 도

구이기도 하다[6]. 저널링은 일종의 일기를 쓰는 것과 비슷하다. 초등학교 때 누구나 일기를 쓴 적이 있지만, 성인이 된 후 일기를 꾸준히 쓰는 사람들이 많지 않은 것과 같은 이야기다. 감정 인식을 위한 저널링은 '오늘 하루 어떤 일이 있었다'가 아니라 '오늘 하루 어떤 일로 인해 이러한 감정이 들었다'가 중요하다. 하루 일어난 일들로 내가 어떤 감정들을 느꼈는지를 적는 것인데, 글로 감정을 적으면서 나의 감정을 정리할 수 있다. 특히 힘들었던 감정이라면 그것이 엉뚱한 타인에게 분출되지 않고 글로 써 내려가면 일종의 스트레스 해소 또한 가능하다. 저널링이 어렵게 느껴진다면 전국정신건강협회(NAMI)가 제시한 효과적인 저널링을 위한 질문 중 불편한 감정 처리에 도움이 되는 6가지를 참고해 보자.

- 정확히 무슨 일이 일어났거나 무슨 말을 했는가?
- 언제 일이 발생했고, 시간이 흘렀다면 왜 지금 저널링을 하는가?
- 일이 발생했을 때 초기 대응은 어땠는가?
- 일이 발생했을 때 어떤 감정을 느꼈는가?
- 이러한 일이 한 번 이상 발생했다면 이번에는 무엇이 달라졌을까?
- 글을 쓰는 지금 기분이 어떤가?

위와 같이 감정을 인식하는 3단계로 '웨더링', '네이밍', '저널링'에 대해서 알아보았다. 이제 내 감정을 인식하는 실행만이 남았는데 부담을 갖지는 말자. 꼭 매일이 아니어도 된다. 잠자리든 퇴근길 대중교통이나 주차한 차 안에서든 잠깐 내 감정을 짧게 기록해 보자. 휴대폰이나 노트북, 다

이어리 등 내가 편한 방법으로 감정을 풀어 보자. 또는 감정을 기록할 수 있는 앱을 활용하는 것도 좋은 방법이다. 또한 1단계가 나에게 쉽게 느껴진다면 2단계 혹은 3단계를 실행해도 된다. 본인에게 맞는 방법을 선택해서 활용하는 것이 중요하다. 이러한 활동들은 내 감정을 들여다보고 감정의 패턴을 확인하여 나를 더 깊게 이해할 수 있는 계기가 될 것이다.

2) 마인드풀타임(Mindfulltime)

마인드풀니스(Mindfullness), 우리말로 '마음 챙김'이라고 한다. 지금 현재에 집중하고, 있는 그대로 나의 마음을 관찰하는 것을 말한다. 우리는 신체 건강을 위해서 몸에 좋은 영양제와 음식을 챙겨 먹고 운동을 한다. 그러나 정신 건강을 위해서는 얼마나 주의를 기울이고 있는가? 대부분은 신체 건강에 들이는 시간과 비용만큼 정신 건강에 쏟지 않을 것이다.

하지만 긴 시간이 아니라도 좋다. 점심시간이나 산책 시간, 혹은 하루 잠들기 전 5-10분을 내어 내 마음에 집중하는 '마인드풀타임'(Mindfulltime)이 우리에게는 필요하다. 숨을 들이쉬고 내쉬며 오늘 흘러갔던 감정들을 쭉 돌이켜보고 평온한 나를 상상하는 것만으로도 충분하다. 그러나 처음부터 혼자 마인드풀타임을 갖기는 쉽지 않을 수 있다. 넷플릭스, 유튜브, 팟캐스트 등 마인드풀니스를 도와주는 수단은 다양하다. 또는 향이나 초를 피우거나 싱잉볼을 활용하는 등 보조도구를 활용하여 환경을 조성하는 것도 좋은 방법이다.

하루 일과를 보내고 따뜻한 물로 샤워하고 나왔을 때의 상쾌함과 개운

함은 말로 다 할 수 없다. 아침부터 활동하며 분비된 땀과 노폐물이 흐르는 물에 기분 좋게 씻겨 나간다. 우리의 마음도 일상 안에서 다양한 감정과 각종 사건으로 노폐물이 쌓인다. 마음을 샤워하듯 바라보고 오늘 쌓인 다양한 감정들을 마주하고 인정해 준다면 개운한 마음으로 잠자리에 들 수 있을 것이다.

몸은 Acting

화가 나면 심장이 빨리 뛰며 얼굴이 빨개진다. 그리고 우울하면 가슴이 답답하고 무기력해진다. 반대로 몸을 움직여 드라이브하거나 산책을 하면 이내 곧 마음이 편해진다. 몸과 마음이 연결되어 있기 때문이다. 감정으로 신체가 반응을 보인다. 또한 신체활동으로 감정이 환기되기도 한다.

무기력하고 우울해지거나 감정에 많이 휘둘리고 있다는 생각이 든다면 얼른 몸을 움직여 스트레스를 해소하고 생각을 전환하는 것이 도움이 된다. 그렇다면 어떻게 감정을 환기할 수 있는지 아래 2가지 방법을 살펴보자.

1) 감정을 환기시키는 움직임

운동은 도파민과 세로토닌 등 호르몬 분비를 활성화해 우울감, 무력감 등의 감정을 떨쳐 낼 수 있도록 도와준다. 또한 엔도르핀 생성 및 활성화로 행복감을 조성해 준다. 그래서 사실 운동을 시작하기까지는 쉽지 않지만 끝나고 나면 전환된 기분을 느낄 수 있다. 그렇다면 어떻게 생활 속에서 몸을 움직이며 감정을 환기시키고 건강을 잃지 않을 수 있을까?

첫 번째로는 생활 속 운동을 찾아야 한다. 우리가 일반적으로 운동이라고 하면 근력운동 또는 지구력 강화 운동을 생각하는데 서울대 김성권 명예교수는 걷기를 포함한 일상의 '움직임'까지 운동으로 봐야 한다고 말한다.[7] 기존에는 한 번에 10분 이상 걸어야 운동 효과가 있는 것으로 알려졌지만 미국 보건부는 2018년 11월, 2분 이상 걸으면 건강증진 효과가 있다고 발표했다. 즉, 생활 속 모든 움직임의 개념을 '운동'으로 확장시켜 활동하는 것이다.

생활 속 움직임은 실내와 실외로 나눠질 수 있다. 실외에서는 햇빛과 함께하는 것이 중요하다. 햇빛은 비타민D를 보충해 줄 뿐만 아니라 행복호르몬으로 불리는 '세로토닌'의 분비를 촉진시켜 줘 우울증 완화에 도움을 준다. 점심시간에 의도적으로 외부 커피숍에 커피나 음료를 사러 나가 해를 보며 걷자. 또는 출퇴근 시간 한 정거장 전에 내려 걷거나 장 보는 시간을 활용할 수도 있다.

실내에서는 집콕 생활 중 TV를 시청하며 하는 제자리 걷기와 간단한 스트레칭 또한 도움을 준다. 지금 당장 책을 잠시 내려놓고 등을 곧게 세우고 목 운동을 한 후 기지개를 쭈욱 펴 보도록 하자. 아주 간단한 동작이지만 몸도 마음도 잠깐 환기시킬 수 있다. 가장 중요한 것은 일과 삶 속에서 어떻게 몸을 움직일 수 있을지 의식적으로 생각하는 것이다.

두 번째로는 다양한 애플리케이션을 활용하는 것이다. 요즘 SNS에 그날의 운동 루틴을 공유하며 함께 응원해 주는 #운동챌린지를 실천하는 사람들이 많다. '챌린저스'라는 목표관리 앱을 통해 매일 운동한 인증샷을 기록하며 운동과 다양한 건강 습관을 내 것으로 만들 수 있다. 또한 집에서 누구의 도움 없이 하는 홈트가 부담스럽고 어렵게 느껴진다면 '라이크핏'과 같은 홈트 앱을 활용하는 것도 좋은 방법이다. 인공지능이 코치가 되어 운동하는 사람의 동작을 인식하여 운동법을 체크해 주고 나를 위한 맞춤형 운동까지 제안해 준다.

우리가 분노하게 되면 체내에 열이 오르므로 화를 누그러트리는 방법으로 '물 마시기'를 제안한다. 시원한 물로 체내 열을 식혀 줄 수 있을 뿐 아니라 물을 마시는 행위를 통해 그 감정에서 잠시 벗어날 수 있기 때문이다. 또한 체내 수분 부족 시 다양한 신체적 증상 외 신경과민이 발생할 수 있다. 물을 많이 마시는 것이 좋다는 건 많은 사람이 잘 알고 있다. 그러나 실천하는 것이 어렵다면 물 마시기 앱을 통해 하루에 마시고자 하는 양을 달성해 보자.

2) 라이프 스핀오프(Life Spin-off)

TV 프로그램으로 진행되는 예능이 유튜브를 통해 또 다른 시리즈를 만들어 방영하여 큰 인기를 끄는 경우들이 있다. 그 외에 대중의 관심을 받은 영화나 드라마 또한 오리지널을 기반으로 새로운 버전이 나와 팬들의 기대와 흥미를 끈다. 이러한 것을 '스핀오프'(Spin-off)라고 한다. 오리지널 영화나 드라마를 바탕으로 새롭게 파생되어 나온 작품이다. 우리 삶에도 이런 스핀오프가 필요하지 않을까?

바로 '라이프 스핀오프'(Life Spin-off)이다. 라이프 스핀오프란 '일하는 나', '공부하는 나', '자녀로서의 나', '부모로서의 나' 등 '의무적인 나' 외에 나의 라이프를 파생시켜 '즐거운 나'를 찾는 것이다. 물론 감정을 마주 보고 운동을 하는 것도 중요하지만 나를 즐겁게 하는 활동들 또한 감정을 해소하고 행복감과 즐거움을 줄 수 있다. '즐거운 나'는 '레고 하는 나', '캠핑하는 나', '맛집 찾는 나' 등 내가 흥미를 갖는 활동들로 다양하게 파생이 가능하다.

즐거운 나를 찾기 위해서는 다양한 경험을 해 보는 것이 중요하다. 경험해 보지 않은 활동을 하면서 즐거움을 찾고 또 다른 '나'를 발견할 수 있다. 그 경험이 대단하지 않아도 된다. 작은 것부터 시작해 보자. 요리를 해 보지 않았다면 요리를 시작해 보고 요즘 유행한다는 게임을 해 보는 것도 좋다. 독서를 좋아한다면 한 번도 읽어 보지 않은 분야를 읽어 볼 수도 있다. 반려동물이나 반려식물에게 애정을 쏟는 것은 어떨까? 새로운 것들은 늘 우리를 설레게 한다.

우울감이 들고 무기력함을 느낄 때 거기서 빠져나오는 가장 빠른 방법은 몸을 움직이고 다른 활동들을 하는 것이다. 일과 삶 속에서 여러 가지 사건 사고로 지칠 때 작은 활동들부터 새로운 경험을 해 보고 '즐거운 나'를 찾아본다면 활력을 얻고 에너지를 충전해 일상에 긍정적 영향을 줄 것이다.

03
외부로 향하는 감정

사회적으로 표출되는 감정으로 상처받는 이는 적고,
끊임없이 관계를 연결해 크고 작은 위로로 힘을 얻는 사람은 많도록 하자.

'혐오'라는 감정

언어는 사회를 보여 주는 얼굴이다. 국가인권위원회의 조사에 따르면 '혐오와 차별로 인해 사회적 갈등이 더 심해지고 범죄로 이어진다고 생각하십니까?'라는 질문에 '그렇다'고 대답한 사람이 87.7%이다[8]. 또한 혐오 표현을 접한 경험이 있냐는 질문에 70.3%가 그렇다고 답했다. 혐오가 깊게 자리 잡았다는 증거다. 한 언론사에서는 혐오 표현 관련하여 인터뷰를 진행했다. 어떤 이는 내 지역에 대한 비하 발언이 화가 나서 타 지역을 혐오했고, 어떤 이는 혐오 신조어가 재미있다고 생각해서 친구들과 농담 섞인 대화로 사용하였다[9].

'중2병', '결정장애', '극혐' 등 아무렇지 않게 또는 그저 재미있게 표현할 수 있는 신조어라고 생각하고 사용해 본 적이 있는가? 사실 이 단어들은 대표적으로 혐오 언어가 일상 속에 얼마나 자리 잡았는지 보여 주는 증거이다. '중2병'은 사춘기의 혼란을 겪는 아이들을 비하하는 말로 쓰인다. 그리고 '결정장애'라는 표현은 쉽게 결정을 내리지 못하는 사람들을 일컫는데 '장애'라는 단어를 사용하여 장애인들을 낮춰 말하는 것이다. '극혐' 또한 단어 자체만으로 극단적 혐오를 뜻한다. 그 외에 기타 많은 혐오 표현들은 눈살을 찌푸리게 할 정도로 사람을 폄하하고 깎아내린다.

언어는 감정을 보여 주는 거울이기도 하다. 우리는 살면서 기쁨, 행복 그리고 불안, 분노, 증오 등 다양한 감정을 느끼며 살아간다. 물론 당연히 내 감정이나 생각을 언어화하여 표현할 권리가 있다. 그러나 내 감정의 표현으로 남을 다치게 할 권리는 없다. 어떤 이는 한 정치인의 말에 공감한다고 SNS에 올렸다가 다짜고짜 욕하는 사람들에게 며칠을 시달렸다. 또 한국에 거주 중인 한 중국인 유학생은 코로나19 이후 자주 가던 식당 출입구에 붙은 '중국인 출입금지' 종이를 보고 상처를 받았다고 한다.

내가 상대방에게 직접적으로 피해를 준 것도 아니고 어떤 사회적 문제에 영향을 끼친 것도 아니다. 그러나 나와 다르다는 이유만으로 날 선 감정으로 힐난하며 혐오의 표현을 늘어놓는다. 또는 혐오의 이유가 사실이 아니라는 것이 밝혀졌음에도 멈추지 않고 거친 감정을 토해 낸다. 언어로 표현되는 혐오들이 더 큰 갈등과 폭력으로 번지지 않으려면 지금부터 우리 모두가 혐오를 좀 더 주의 깊게 바라봐야 한다.

감정 표현의 톤앤매너

"내면의 모든 천박함을 노골적으로 드러내도 된다고 생각한다면 결코 문명인이라 할 수 없다."

카롤린 엠케는 본인의 책 「혐오 사회」에서 위와 같이 말했다. '문명인'이란 문명이 발달한 사회에 사는 사람을 뜻한다. 어쩌면 발달한 문명에 비해 우리의 의식은 아직 예전에 머물러 있는 것이 아닐까? 그것이 아니더라도 노골적으로 모든 것을 쏟아 내고 그로 인해 누군가가 상처받는 일은 되도록 없어야 한다. 감정 표현에도 톤앤매너(Tone & Manner)가 필요한 이유다.

톤앤매너는 일반적으로 업무 용어나 이미지 메이킹 등에서 색조와 기법 또는 분위기와 느낌 등의 전반적 콘셉트를 통일하자는 의미로 쓰인다. 그러나 이 책에서는 톤앤매너의 사전적 정의에 충실히 하고자 한다. 사전적으로 'Tone & Manner'는 어조와 태도를 뜻한다. 감정 표현의 어조(語調 말의 가락, 말하는 투, 억양)와 태도(態度, 어떤 일이나 상황 따위에 대해 취하는 입장)를 가다듬는다면 좀 더 세련되게 나의 감정을 전달할 수 있다.

분노가 올라올 때 전문가들은 화가 나는 순간의 3초가 중요하다고 한다. 대뇌가 언어에 자극을 받고 편도체에 전달하는 시간은 3초밖에 걸리지 않기 때문이다. 이때 감정 조절이 되지 않는 사람은 그 안에 반응한다[10]. 화가 난 순간에 잠깐 호흡을 하며 나의 감정을 인지한다면 원하지 않는 상황을 야기하는 것을 막을 수 있다. 혐오의 표현도 마찬가지다. 내가 혐오 단어를 사용하거나 발언을 하기 전 잠깐 멈추고 아래의 네 가지를 고민하여 감정 표현의 톤앤매너를 갖춰 내 감정을 전달해 보자.

'S.T.O.P' 기법

1) Self-check

내 의견이 편협하지는 않은지 자기 검열을 하는 것이다. 편협한 사고는 확증편향(確證偏向)이라고도 한다. 이는 자신의 가치관, 신념, 판단 따위와 부합하는 정보에만 주목하고 그 외의 정보는 무시하는 사고방식을 말한다. 내가 듣고 싶은 것만 듣고, 보고 싶은 것만 보는 것이다. 대부분의 많은 혐오가 이러한 확증편향에서 나온다.

확증편향을 보이는 사람들은 내 생각만이 옳은 것이고 나와 다른 의견들은 모두 틀렸다고 생각한다. 내가 주식을 한다면 비트코인을 하는 사람은 틀린 것이다. 내가 탕수육 찍먹파라면 부먹파는 틀린 것이다. 이러한 사고는 내 생각에만 빠져 유연하게 사고하는 것을 방해한다. 그뿐만 아니라 타인을 이해하고 받아들이는 것에도 어려움을 준다.

혐오 발언을 하기 전 우리는 생각해야 한다. '저 사람은 나와 인종이 다를 뿐이다.', '저 사람은 나와 성별이 다를 뿐이다.', '저 사람은 나와 지역이 다를 뿐이다.' '다를 뿐'이지 '틀린 것'은 아니다. 우리는 사실 한 명 한 명 모두 다른 사람이다. 세계 인구만큼 다른 생각과 가치관을 갖고 살아간다. 그것을 인정하는 것이 혐오 문화를 없애는 첫걸음이다.

2) Time

지금 발언을 이후에도 후회하지 않을지 고민하는 것이다. 과거의 발언이 그때는 맞았지만, 지금은 틀린 경우가 있다. 그것이 나의 생각일 수도 있고 사회적 상황일 수도 있다. 오프라인에서는 대화를 함께 했던 몇몇 사람들의 기억 속에만 남는다. 그러나 온라인에서는 영원히 '박제'되는 경우들이 있다. 이것을 우리는 소위 '흑역사'라고 한다. 남아 버린 흑역사는 돌이킬 수 없다.

보통 현재의 감정이나 기분에 치우쳐서 하는 말들은 나중에 돌이켜보면 후회하게 되는 경향이 있다. 혐오 발언도 마찬가지이다. 순간의 감정으로 상대방에게 말하거나 키보드를 두들겨 글을 올린 후 얼마 지나지 않아 '내가 왜 그랬지?' 하고 생각할 수 있다. 이미 엎질러진 물은 돌이킬 수 없다. 온/오프라인 모두 발언하기 전에 내가 한 말에 후회하지 않을 것인지 자신에게 되묻는 작업이 필요하다.

3) Open

내 의견으로 누군가가 상처받지는 않을지 마음을 열고 생각해 보는 것이다. 앞서 언급하였지만, 당연히 우리는 내 생각이나 의견을 말할 권리가 있다. 그러나 나의 의견으로 누군가가 상처받을 필요도 이유도 없다. 우리

속담에 "무심코 던진 돌에 개구리가 맞아 죽는다."라는 말이 있다. 나는 무심코 한 말이지만 어떤 사람에게는 상처가 될 수 있고 그 상처의 크기가 누군가에게는 매우 클 수도 있다.

어떤 발언을 하기 전 자신에게 질문해 보자. '내가 이 말을 했을 때 상대방이 상처받지 않을까?', '나는 농담으로 한 말이지만 상대방 입장에서는 기분 나쁠 수 있을까?'라고 말이다. 이런 질문들을 통해서 해선 안 될 말이라는 생각이 들면 입 밖으로 나오려던 말을 넣을 수 있다. 그러나 만약 이미 말을 뱉은 후고 상대방 입장에서 마음 상할 상황이라면 즉시 사과를 하는 대처 또한 중요하다. 하지만 이왕이면 해야 할 말을 조금 더 가다듬어 배려를 담은 세련된 표현으로 전달하여 사과할 일을 없게 만드는 것이 좋겠다.

4) Position

어떤 사건에 해당하는 내 감정의 포지션이 '나'에게 있는지 아니면 다수의 여론에 휩쓸린 건 아닌지 확인해 봐야 한다. 살다 보면 사회문화적으로 다양한 사건 사고가 발생한다. 그를 통해 우리는 '감동', '흥분', '경악', '분노' 등 여러 감정을 경험하게 된다. 어떤 일에는 모두가 함께 기뻐하거나 분노하는 상황들이 생기는데 이것을 우리는 대중 여론이라고 한다. 이렇게 대중 여론이 형성되었을 때 많은 사람이 비슷한 감정을 '공유'한다. 그러나 우리는 생각해야 한다. 이 사건으로 느끼는 감정이 정말 나 자신도 그렇게 생각하고 느끼는 것인지 아니면 대세가 그렇게 흘러가다 보니 나도 그 감정에 합류한 것인지 말이다. 우리는 외부에서 다양한 영향을 받으며 살아간다. 그러나 내가 대중적 감정이 들었을 때 감정의 포지션이 '나'에게 있는지, 나도 정말 그런 생각과 감정이 드는지 고민해 볼 필요가 있다.

우리에게 필요한 건 '이넥팅'(Innecting)

코로나19로 사회적 거리두기를 시행했을 때 많은 사람이 고립감과 외로움을 느꼈다. 그로 인해 우리는 다시 한번 더 깨닫게 되었다. 관계 안에서 크고 작은 위로와 응원들이 삶의 큰 힘이 된다는 것을, 혼자 살아갈 수 없음을 말이다. 실제로 미국 하버드대학교 의과대학 정신과 교수 로버트 월딩어(Robert Waldinger)팀은 75년의 오랜 연구 끝에 행복은 돈과 명예에서 오는 것이 아니라 좋은 관계가 우리를 건강하고 행복하게 만든다는 것을 증명했다[11].

이 책에서는 리부팅 시대에 우리가 이어가야 할 좋은 관계를 '이넥팅'(Innecting)이라고 한다. '이넥팅'(Innecting)은 'Intimate'(친밀한)와 'Connecting'(연결)의 합성어로 친밀한 연결을 뜻한다. 우리는 연결되어야 하고 연결하려 한다. 이제는 온라인으로, 또는 오프라인 모임으로 우리는 친밀감과 따뜻함을 나눌 수 있다. 온/오프라인으로 어떻게 이넥팅할 수 있는지 알아보자.

1) 온라인 이넥팅

본 적도 없는데 소꿉친구 같아 며칠 고민했던 일이 5분 만에 (중략)

우리 같이 수다 떨자 밤새도록 아침까지 우리 같이 수다 떨자 목쉬도록 나 말리지마, 생각보다 우린 흥미로운 사람들 너의 얘기 속으로 스르륵 또 밤새 스며들어가, 우리 같이 더 튼튼한 지붕을 만들자 수다는 나눌수록 힘이 된다 사람을 여행하는 이 시간.

가수 미미시스터즈의 '우리 수다 떨자'라는 노래의 가사이다. 노래는 당시의 시대상을 잘 보여 준다. 코로나19로 인한 사회적 거리 두기로 사람들을 만나기는 쉽지 않지만 연결하고 싶어 하는 사람들은 다른 해결 방법을 찾았다. 바로 온라인으로 연결하는 것이다. 평소 알고 지내던 지인이 될 수도 있고 타인이 될 수도 있다. 직접 만나지 않아도 우리는 연결될 수 있는 것이다.

그녀들과의 인터뷰 결과 노래를 만든 계기는 다음과 같았다. 사람들을 만나는 것은 어려워졌지만 소통에 갈증을 느껴 '클럽하우스'라는 플랫폼을 시작했다. 음성기반 SNS로 많은 사람과 대화하고 그 안에서 함께 슬퍼하고 기뻐했다. 시대적 변화에 따른 '온라인 이넥팅'으로 직접 대면하지 않아도 수많은 타인을 만나고 그들과 다양한 소재를 공유할 수 있게 되었다고 한다.

그뿐만 아니라 대면으로 진행되던 활동들을 음성기반 SNS로 대체하기도 한다. 카카오 '음'(mm)에서는 예전 서점에서 열리던 작가들과 함께하는 북 콘서트를 '북토크 라이브'로 대체하여 진행했다. 또한 멘토들과 강연으로 만나 인사이트를 얻던 부분은 오은영 박사와 '마음상담소'로 진행하여 대중의 마음을 샀다. 멈춰 있던 활동들이 대체되면서 어느 정도 사람들의 갈증이 해소되었다.

카카오톡 오픈채팅에 '감정쓰레기통'을 검색하면 학생, 직장인, 주부 2030 등등 다양한 연령층의 채팅방이 뜬다. 오히려 내 상황을 모르는 사람에게 마음을 털어놓는 것이 도움이 될 때가 있다. 익명으로 내가 그 일로 왜 힘들고 어떤 감정이 드는지 이야기를 하면 사람들이 함께 공감해 준다. 감정을 쏟아부으면 마음이 한결 편해지고 힘이 난다.

오래 만나지 못한 지인들과는 영상 회의로 만나 동창회를 하기도 하고 회식을 할 수도 있다. 얼굴을 마주하고 목소리를 듣고 때로는 현재 나의 고민을 나누며 응원을 받을 수도 있다. 코로나19의 사회적 거리두기로 사람들이 영상회의로 대면하는 것에 거리감이 없어졌다. '줌(ZOOM)'과 같은 플랫폼은 이제 기업뿐 아니라 사적으로도 다양하게 활용되고 있다. 직접 만나지 못하는 것이 아쉽지만 같은 지역에 살고 있든 해외에 살고 있든 똑같이 온라인으로 만날 수 있다는 것은 장점이 된다. 마음의 거리가 가깝다면 소통의 매체는 상관없이 이넥팅할 수 있다.

앞서 언급했던 미미시스터즈는 '나와 다른 더 많은 사람과 이야기를 나누고 친구가 되는 것이 즐겁다'고 이야기했다. 생각보다 우리는 다양한 사람들을 만나기가 쉽지 않다. 내 가족이나 친구들 외에 같은 업계에 있는 사람들과 관계를 맺는 것이 다다. 그러나 온라인 이넥팅으로는 나와 전혀 다른 일을 하는 사람들과 대화하며 새로운 자극을 받고 나의 고민에 생각지도 못한 답을 얻을 수도 있다. 온라인으로 이넥팅하자. 세대도 종교도 나이도 국가도 중요하지 않다.

2) 오프라인 이넥팅

오프라인 이넥팅은 이제 가장 기본적이면서도 효과적인 연결 수단이다. 얼굴을 맞대고 대화하고 상대방의 눈빛과 표정을 가까이에서 보고 느낄 수 있다. 그리고 연결 상태 등의 문제로 대화의 흐름이 끊기지 않는다. 가장 중요한 건 만질 수 있다. 따뜻하게 포옹해 주고 어깨를 토닥이고 쓰다듬어 줄 수 있다. 온기를 나눌 수 있다는 건 마음이 힘들 때 큰 위로를 준다. 그러므로 우리는 만남으로 연결하며 함께 서로의 감정을 공유해야 한다.

전문가들은 우울감이 들 때 반드시 주변 사람들에게 알리고 도움을 받으라고 권한다. 혼자서 생각하다 보면 생각이 꼬리에 꼬리를 물고 늘어진다. 이렇게 한없이 더 우울해지는 경험을 누구나 해 본 적 있을 것이다. 이럴 땐 주변 가족 또는 지인들에게 알리고 마음을 털어놓아 보자. 누군가에게 감정을 이야기하면 조금 후련해질 수 있다. 주변사람들은 위로와 힘을 주고 상황에 맞게 배려하려고 노력할 것이다.

꼭 기존에 알고 있는 사이에서만 마음을 나눌 수 있는 것만은 아니다.

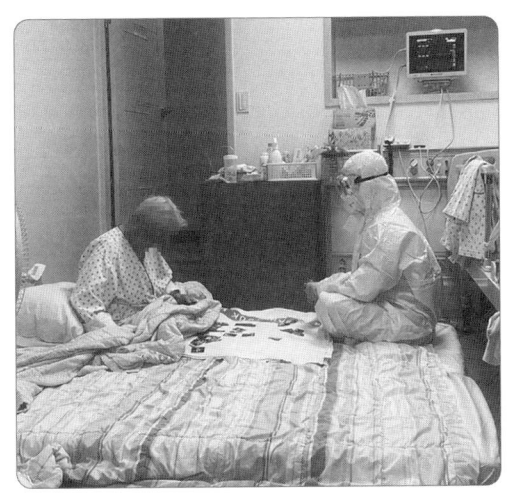

위 사진은 2021년 코로나19 현장스토리 2차 공모전에 출품된 작품이다[12]. 코로나19에 감염된 치매 할머니를 위해 간호사가 함께 화투를 이용하여 그림 맞추기를 하고 있다. 기존에 알고 있어 두텁게 연결되어 있는 사이는 아니지만, 할머니를 위해 고민한 간호사의 마음이 전해진다. 이렇게 사회 안에서 만난 타인일지라도 상황에 따라 마음을 나눌 수 있는 것 또한 충분한 위로를 줄 수 있다.

내 감정이기 때문에 스스로 인식하고 처리하는 것도 중요하다. 그러나 우리는 사회적 동물이기에 함께 더불어 살아가며 마음을 나눈다. 할 수 있는 선 안에서 얼굴을 맞대고 있는 사람들과 교감하자. 그럴 수 없다면 온라인으로 만나 그 안에서 서로 응원하고 힘을 주자. 우리에게 필요한 건 친밀한 연결, '이넥팅'이다.

04
모든 감정은 소중하다

내 안에서 일어나는 모든 감정은 소중하다.
그리고 우리 모두의 감정 또한 소중하다.

우리 삶의 '감정'의 의미

영화 '인베이젼'(Invasion) 이야기로 다시 돌아가 보자. 주인공은 감정을 잃지 않기 위해 목숨을 걸고 치열하게 싸운다. 그 이유는 바로 아들을 지키기 위해서다. 주인공이 아들에게 품은 감정은 사랑이었다. 그 사랑하는 '감정' 때문에 자신의 목숨을 걸고 그토록 노력한 것이다.

우리의 삶은 '감정'이 있기에 의미가 있다. 동물과 아기를 보면 사랑스럽고 귀여워하며 생명의 가치를 느낀다. 힘들게 고생하여 공부한 뒤 원하는 회사에 합격한 당사자는 큰 기쁨을 느끼고 그 부모는 자식을 기특해하며 자랑스러움을 느낀다. 또한 영화와 그림을 보거나 음악을 듣고 책을 읽으며 다양한 감정을 느끼고 원작자의 마음 또는 의도를 생각해 본다.

또 감정이 있기에 '생활'이 풍요로워진다. 아침에 일어났을 때 창밖에서 들어오는 햇살에 기분이 좋아지고 지친 업무에 동료가 건네는 간식과 커피 한 잔에 힘이 난다. 아기의 울음소리에 잔뜩 예민해지지만 웃는 얼굴로 안아 줄 땐 너무 사랑스럽다. 만약 이런 모든 감정을 느끼지 못한다면 삶은 흑백과 같을 것이다. 감정이 없는 삶이 두렵기 때문에 위의 언급된 영화 속 등장인물들은 감정을 잃지 않기 위해 그토록 노력했을 것이다.

모든 감정은 소중하다

감정을 말할 때 보통 사람들은 기쁨, 행복, 설렘 등에 대하여는 '긍정적 감정'이라고 하고 분노, 불안, 질투 등에 대해서는 '부정적 감정'이라고 일컫는다. 그러나 사실 감정은 어떤 사건에 대해 우리가 잘 반응하고 대처하기 위함이기 때문에 어떤 것은 긍정적이고 어떤 것은 부정적이라고 단정 지을 수 없다.

'불안'이라는 감정을 통해 우리는 계속 확인하고 움직이게 된다. 예를 들면 가스레인지에 불을 껐는지 확인하고 중요한 시험의 기출문제를 보고 또 보며 준비한다. 남과 나를 비교하며 '질투'라는 감정을 느끼는데 그 과정에서 '내가 부족한 이 부분을 이렇게 노력해야겠다!'라고 생각하고 행동하면 성장의 원동력이 된다. 또한 '슬픔'으로 인해 카타르시스를 느껴 눈물을 흘린 후에 마음은 한결 개운해진다. 그리고 슬픔의 표현으로 주변 사람들의 위로와 도움을 받아 힘을 얻게 된다. '분노'는 불공정하거나 억울한 상황에서 잘 대처해 나를 지킬 수 있게 해 준다.

이렇게 내가 느끼는 모든 감정은 나의 생존과 보호를 위해 존재한다. 그렇기 때문에 어떤 감정도 부정적이고 나쁜 감정은 없다고 말하고 싶다. 우리가 느끼는 감정에 대해 부디 마음의 짐을 버리자. 당연히 인간이기 때문에 본능적으로 느끼는 그 감정에 대해서 '내가 왜 그렇게 느꼈지?' 하고 죄책감을 느끼거나 외면하기보다는 그 감정을 마주하고 인정해 준다면 오히려 나를 더 깊게 이해할 수 있고 더 나은 내가 될 수 있다.

모두의 감정은 소중하다

"기분이 태도가 되지 말자."

언젠가부터 사람들은 자신의 기분 때문에 좋지 않게 행동하는 사람에게 위와 같이 말했다. 굉장히 좋은 말이다. 내 감정을 태도로 적나라하게 드러내어 다른 사람까지 불편하게 만들거나 피해를 주는 일은 없어야 한다. 내 모든 감정도 소중하지만, 우리 모두의 감정 또한 소중하다. 감정을 표현하는 것에 책임 의식을 갖는다면 주변 사람, 혹은 감정노동자에게 화풀이하거나 인터넷 기사나 SNS의 누군가에게 악성 댓글을 올리고, 그를 통해 사람들이 상처받는 일은 줄어들지 않을까?

"감정을 '표출'하지 말고 '표현'하자."

표출과 표현은 사전적으로 '나타냄'을 뜻한다는 점에서 비슷한 의미가 있다. 하지만 '감정의 표출'은 내가 느낀 감정을 있는 그대로 드러내거나 발설하는 것을 의미하고 '감정의 표현'은 상대방에게 어떻게 전달될 것인가를 고민하여 언어와 비언어를 다듬어서 나타내는 것을 말한다. 감정을 표출했을 때는 혐오와 마녀사냥이 될 수 있고, 감정노동자에게 피해를 줄 수 있다. 그리고 그것이 언젠가 나에게 돌아올 수도 있다. 그뿐만 아니라 감정을 표출하고 나서 마음이 진정된 후에는 후회가 밀려올 수도 있다. 그러나 감정을 표현하였을 때는 불합리하거나 타당하지 않다고 생각하는 부분은 대화를 통해 더 나은 방향으로 개선할 수 있다. 게다가 온/오프라인으로 이넥팅하여 함께 기뻐하고 서로 위로받을 수 있다. 주변 사람들 또한 매너 좋은 사람으로 기억해 주지 않을까? 감정의 '표출'보다는 '표현'이 나와 모두의 감정을 소중히 하는 방법이라는 것을 기억하자.

바쁜 일상을 살아가는 우리지만 잠깐이라도 자신에게 집중하여 내가 느끼는 감정이 어떤 것인지를 파악해 보고 또 잘 컨트롤할 수 있게 노력한다면 결국 나로서 온전히 보내는 삶에 한 걸음 더 다가갈 수 있지 않을까 생각해 본다.

8
Chapter

온전한 나로 리부팅

우리는 코로나19와 디지털 세상이 바꿔 놓은 일상 속에서 리부팅이 필요한 시기를 맞이하고 있다. 다양한 세상의 자극과 소리에 흔들리지 않고 온전히 나라는 사람으로 집중해야 하는 이유들을 살펴보자! 나의 삶에 집중했을 때 오는 순기능을 통해서 잃었던 나를 찾고 그 안에서 성장을 꿈꿀 수 있을 것이다. 또한 나다움을 통해서 온전한 나로 리부팅을 시작할 수 있게 될 것이다.

01
온전한 나를 지키지 못하게 만드는 것

리부팅이 필요한 사회,
지금의 나 어떻게 중심을 찾을 것인가.

리부팅이 필요한 사회

우리는 이 책에서 끊임없이 코로나19와 디지털 세상이 바꿔 놓은 일상에 대한 이야기를 나눴다. 디지털 사회는 많은 편리함을 주었지만 반대로 극복해야 하는 과제들을 남겨 주었다.

코로나19의 장기화로 스트레스와 불안을 넘어 우울감과 공포까지 느끼는 사람들이 늘어났다. 이러한 감정은 코로나 블루를 넘어 레드와 블랙까지 넘어섰고 한국 트라우마 스트레스 학회가 발표한 '코로나19 국민정신건강 실태조사'에 따르면 성인 2,063명 중 국민 19%가 심각한 불안 위험군인 것으로 나타났다. 사회 전반에 자리 잡았던 우울감이 감정변화를 촉발시켰고 이를 극복하기 위해서 다양한 기관에서 '심리방역'을 지원하고 있다. '심리방역'이란 감염병으로 인한 스트레스 상황에서 스스로의 마음을 돌보고 심리 안정에 도움이 될 수 있도록 여러 가지 심리적 지원을 하는 것을 말한다. 컴퓨터를 다시 리부팅하듯 우리는 정신건강과 마음에 대한 리부팅이 절실한 사회를 살아가고 있다[1].

디지털 사회 속의 우리의 모습을 돌아보면 외국의 한 여성이 목욕 중에 스마트폰을 사용하다가 감전돼서 사망하는 사건이 일어났다. 그리고 종종 SNS에 올릴 사진을 올리다가 추락해서 다치는 등의 다양한 사고들이 꾸준히 발생한다. 이러한 일들이 남의 일 같지 않은 이유는 왜일까? 그건 바로 언제든지 우리를 포함한 주변에서 일어날 수 있는 상황이기 때문이다. 사람들은 아침에 일어나서 잠들 때까지 늘 손안에서 디지털 기기들을 놓지 못하고 살아간다. 편리함과 삶의 위기감 속에서 어떻게 다시 삶을 리부팅할 수 있을까[2].

지금의 우리에게 가장 우선적으로 해결해야 할 과제 중 하나를 꼽자면 단연코 집중력을 잃지 않는 힘이다. 각종 기기와 시시각각 울리는 알람들 그리고 쏟아져 나오는 다양한 정보들 속에서 집중력을 잃지 않아야 한다. 이런 집중력의 문제는 학교에서도 문제시되고 있다. 요즘 교육의 장에서도 디지털 교과서와 기술들이 도입됐다. 하지만 다양한 편의성 이면에 멀티태스킹이 학생들의 주의산만과 중독으로 이어지고 있다[3]. 비단 학생들뿐만 아니라 성인들도 마찬가지다. 인터넷을 업무에 활용하는 사례가 많아지면서 업무 이외의 용도로 사용하는 사례가 급증하고 있다. 업무시간에 인터넷과 SNS, 유튜브 스트리밍 등으로 업무를 등한시하는 일들이 많아졌는데, 이를 '사이

버슬래킹'(Cyberslacking)이라 칭한다. 이러한 것들이 단순히 개인 업무의 공백을 넘어서 전체 업무에 차질을 주고 집중력을 잃게 하는 것이다.

혹시 나도 스마트폰 과의존일까?

'노모포비아의 세상'

늦잠을 자 급하게 허둥지둥 나오게 된 A씨. 집을 나서고 보니 가방에 스마트폰이 없었다. 당장 몇 분 후 버스가 도착하는지 확인하는 것부터 시작해서 지하철에서 회사까지의 이동 시간 동안 익숙하게 즐기던 스마트폰의 부재가 걱정된다. 또한 회사 내에서 업무할 때 필요한 연락까지 이 모든 것을 스마트폰 없이 하루를 보낼 생각 하니 눈앞이 캄캄해졌다.

노모포비아는 'No Mobile phone phobia'를 줄인 말로 스마트폰이나 휴대전화가 없을 때 초조하거나 불안함을 느끼는 증상이다. 이른바 휴대전화 중독이나 금단 현상을 말한다. 이렇게 스마트폰 기기의 부재 시 느끼는 감정을 누구나 한 번쯤은 경험했을 것이다. 일상생활에 없어서는 안 될 필수도구로 자리 잡고 있는 스마트폰이지만 자칫 잘못하면 스마트폰 과의존의 위험에 빠질 수가 있다. 스마트폰 과의존이란 과도한 스마트폰 이용으로 스마트폰에 대한 의존성이 증가하고 이용 조절력이 감소하면서 문제를 경험하는 상태이다. 2020년 과학기술 정보통신부와 한국 지능정보화 진흥원의 '2020년 스마트폰 과의존 실태 조사 결과'에 따르면 성인의 33.7%, 청소년의 30.2%가 과의존 상태로 나타났다.[4] 또한 대면 만남이 현저히 떨어진 요즘, 스마트폰 과의존이 폭발적으로 증가했다. 청소년들은 게임과 커뮤니티를 통해 교우관계를 유지하고, 성인들 또한 각종 SNS에 더 깊이 빠져들게 되었다. 스마트폰 과의존은 다양한 신체적 문제, 우울과 불안 충동성 과잉행동 등의 문제를 일으킬 수 있다. '혹시 내가 과의존이 아닐까?' 걱정된다면 이제는 디지털과의 만남은 줄이고 온전한 나와의 관계를 늘려야 한다. 내가 의존해야 할 대상은 언젠가 소모되는 기기가 아니라 평생을 함께할 나 자신이기 때문이다.

SNS는 정말 시간 낭비인가요?

직장인 A씨는 최근 활발하게 활동했던 SNS 계정을 모두 삭제하고 SNS 안에서의 관계를 모두 다 끊어 버렸다. SNS를 하다 보니 주변인들과 새롭게 알게 되는 사람들과의 교류를 통해 얻는 즐거움보다 그 안에서 느끼는 박탈감을 더 심하게 느꼈기 때문이다. SNS 속의 친구들이 올린 엄선된 삶의 화려한 단편들을 계속 접하다 보면 다른 사람들은 다들 멋지고 행복해 보이는데 '왜 나는 이렇게 살고 있나?' 싶은 마음이 들어 우울감이 늘고 있다.

이렇게 '카페인 우울증' 때문에 힘들다는 사람들이 늘고 있다. 여기서 '카페인'은 카카오스토리, 페이스북, 인스타그램의 줄임말이다. SNS 속 친구들의 여행, 승진, 취업 소식이 담긴 사진이 우울감과 외로움만을 부추긴다는 것이다.[5] 과도한 SNS 활동은 정신건강에 부정적 영향을 미친다. 서울대 심리학과 곽금주 교수는 정보통신 기술의 발달이 외로움을 가속화하는 원인이라고 했다. 전 세계 인류가 스마트폰으로 밀접하게 연결된 것처럼 보이지만 실상은 피상적 관계에 불과하기 때문이다. 미국 피츠버그 의과대학의 연구 결과에 따르면 성인 1,800명 중 상위 25%의 SNS사용자가 그렇지 않은 사람보다 우울증 위험이 2.7배 높았던 것으로 나타났다. 이렇게 SNS는 삶에 있어서 시간 낭비 그 이상의 결과들을 주고 있다.

지금의 나 괜찮은 걸까?

우리는 중심을 잃을 수밖에 없는 사회를 살아가고 있다. 혹시 그 가운데서 나를 잃어버린 것은 아닐까? 내가 진짜 원하는 삶과 있는 그대로의 나의 모습을 내 기준점에 맞게 살아갈 수는 없는 것일까? 온전한 나를 찾고 싶다면 우선 내 안의 나를 살펴야 한다. 스스로를 존중하는 삶, 즉 자존(自尊)이 필요한 것이다. 나를 소중하게 여기면서 있는 그대로의 모습을 품어 주는 노력을 해야한다. 많은 사람들이 자기 자신에게 집중하기보다 외부의 일에 관심을 갖고 그 자극에 쉽게 흔들리는 삶을 살아가고 있다. 그렇기 때문에 나보다 남의 시선을 의식하고 남을 위해서 살아가는 불행을 반복하는 것이다.

온전한 나를 되찾고 건강한 모습의 나로 돌아가자. 이제는 다른 누구도 아닌 나 자신만의 기준을 세우고 나만의 방식으로 살아야 한다. 스스로를 존중하는 자존을 바탕으로 말이다. 나만의 기준점을 주변 환경에 치우칠 수밖에 없는 바깥이 아닌 내 안에 찍고 나만의 자존을 세우는 것이 중요하다. 이것이 이 시대의 우리가 건강하게 나아가는 방법이다.[6]

02

나를 제대로 찾아가기

내가 원하는 것이 원하는 것이 맞는지
나를 돌아봐야 할 때

내가 원하는 게 진짜 원하는 게 맞을까?

1954년 제임스 올즈와 피터 밀러가 쥐를 대상으로 실험을 진행했다. 그들은 두 가지 레버를 설치했다. 한 버튼은 뇌의 특정 부위에 전기 자극을 주는 것이었고 또 다른 버튼은 먹이가 나오도록 설계했다. 그 후 어떤 것을 누르게 되나 보는 것이었다. 과학자들은 당연히 쥐들이 전기 자극을 주는 버튼이 아닌 먹이 버튼을 누를 것이라고 예상했다. 그러나 결과는 달랐다. 쥐들은 먹이 버튼은 아랑곳하지 않고 발이 너덜너덜해질 때까지 전기자극 버튼을 쉬지 않고 눌렀다. 그 전기 자극은 금방이라도 행복해질 것 같은 감질나는 상태를 계속 주었고 실제로는 즐거움이 없는 계속적으로 만족감을 갈망하는 상태만 일으켰다. 특히나 뇌를 자극하는 쾌감 중추였던 호르몬인 도파민을 분비했기 때문에 쥐들이 먹이는 완전히 잊어버리고 전기 자극에만 매료된 것이다. 그렇다면 인간에게도 이 실험을 한다고 가정했을 때 같은 결과를 얻게 될까? 이 자극을 준 뇌의 부위는 인간의 뇌에서 도파민을 나오게 하는 부분과 같다. 도파민은 행동을 부추기는 물질이기 때문에 '이 버튼을 눌러 봐~ 그러면 행복해질 거야' 하고 거짓으로 속삭이는 것과 같다. 이 실험 속의 쥐처럼 우리가 살면서 선택한 것들도 진짜 원하는 것이 원하는 것이 맞을까? 혹시나 단순한 자극과 욕망을 따르는 것은 아닌지에 대해 다시 생각해 봐야 한다.

"굳이 필요한 건 아닌데 갖고는 싶어."

'지금 이 순간 행복한 것이 중요하다'고 생각하는 요즘 시대의 사람들이 있다. 바로 이 사람들의 소비에서 가장 중요한 포인트는 '경험'이다. 음식점을 가더라도 후기가 많은 맛집에 줄을 서서 먹는다. 카페를 가는 것도 커피를 마시러 가는 것이 아닌 도장깨기처럼 사진인증을 하기 위해서다. 해시태그로 '#예쁜쓰레기'라고 검색해 보면 나오는 다양한 사진들을 보면 필요는 없지만 예뻐서 구입한 제품들이다. 이것을 '경험 구매'라고 한다. 이들의 모든 소비의 완성은 소셜 네트워크 서비스에 업로드하는 것이다. 필요하지는 않지만 즉흥적으로 구매한 물건들은 한두 번 사용하고 창고로 가게 된다. 이렇게 SNS를 자주 하는 사람들을 보면 내가 원해서라기보다는 사진이 잘 나올 것 같은 장소, 음식, 제품들을 찾는 것을 볼 수 있다. 나의 입맛과 취향보다는 우선 예쁘고, 있어 보이는 사진을 찍어 올리기 위해서다. 이러한 것들이 정말 내가 원하는 것이 맞을까라는 의문이 들기도 한다.

나조차도 모르는 Want와 Like

　나를 제대로 찾아가기 위해 제일 먼저 해야 할 것을 꼽으라면 바로 Want(원하다)와 Like(좋아하다)를 구분하는 것이다. 많은 사람들은 Want와 Like를 같은 것이라고 생각하고 구분하지 못한다. 누군가 무언가를 원할 때 그것을 좋아한다고 느끼고, 반대로 어떠한 것을 좋아하면 원하는 것이라고 착각한다. 사회 인지심리학자인 김경일 교수는 Want란 회피동기로서 내가 갖지 못하면 마음이 불편한 것이라고 했다. 그러한 불편한 마음을 회피하기 위해 가지고 싶은 마음까지 작용하는 것이다.

　예를 들어, 30대 초반의 직장인 A씨는 동료 중 혼자만 승용차가 없다. 그것을 인지한 순간 나만 없다는 상황이 불편해 강력한 Want의 감정이 발현된다. 하지만 직장인 A씨는 직장을 대중교통을 이용하기 때문에 특별히 승용차가 필요 없다. 하지만 Want 감정으로 필요 없는 자동차를 구입했다.

　Like란 접근동기로서 진정으로 좋아하는 것을 얻기 위해 열심히 어떠한 일들을 하는 마음이다. Want와 Like를 제대로 구분하지 못하면 많은 일에 낭비와 헛수고를 할 수 있다. 내가 지금 원하는 것이 정말 원하는 것이 맞는지, 혹시 나의 회피동기가 발동해 내가 갖지 못했기 때문에 단순히 얻고 싶은지 생각해 볼 필요가 있다. 또한 진정으로 만족감과 즐거움을 주는 게 무엇인지 스스로 확인해야 한다[7].

　다만, 다른 관점에서 적절한 Want의 욕구는 나의 부족함을 채우게 해 더 많은 개인의 발전과 채움을 줄 수도 있다. 하지만 회피동기만을 좇다가 앞의 사례 속의 쥐처럼 정신과 몸이 피폐해지고 어느 순간 내가 무엇을 바라는지를 잊어버릴 수 있다. 그렇기 때문에 자기 자신만의 기준을 세우고 적절하게 이 둘의 밸런스를 맞춰야 한다.

남을 향한 시선, 이제는 그만

한국 사회는 체면을 중시하는 풍조가 사회의 근간을 이루고 있다. 오죽하면 '조선 시대 양반은 체통이 없다는 소리를 들을 것이 두려워 비가 와도 뛰지 않았다'라는 말과 '냉수를 먹고도 이를 쑤셨다'라는 말이 있을까?

한국이 십수 년간 OECD 국가 중 자살률 1위를 기록하고 있다. 그러나 정신과 진료에 따른 항우울제 복용량은 평균의 1/3 수준이다. 이 또한 '체면 문화'가 일정 부분 영향을 주었을 것이다. 죽을 만큼 힘이 들지만, 정신질환자로 낙인찍히는 것이 두려워서 병원을 찾지 않는 것도 같은 맥락이다. 대표적인 사례로 2010년 서울에서 열린 G20 정상회의 폐막식에서 버락 오바마 미국 대통령이 한국 기자들에게 질문권을 주겠다고 말했지만 아무도 질문하지 않았다. 그에 반해 외신 기자들은 앞 다투어 질문하길 원했다. 한국 기자들이 질문하지 않았던 이유 중 하나는 분명 남들이 나의 질문을 듣고서 어떻게 생각할까 하는 염려와 우려가 있었을 것이다. 이처럼 우리는 필요 이상으로 내 삶에서 남의 시선을 너무 많이 담아내며 살아가고 있다. 이제 남을 향한 시선을 거두고 그 시선을 나로 돌려야 할 시간이다.

"질문하지 않으면 진정한 답을 얻을 수 없다."

"질문 있습니까?" 대학의 한 교수가 말하자 갑자기 강의실이 소란스러워졌다. 질문 있느냐는 말에 '드디어 수업 끝났다'며 학생들은 짐을 싸기 시작했다. 곳곳에서는 아예 자리에서 일어서기도 했다. 교수도 의례적으로 던진 말이라는 듯 말을 하면서 자리를 정리한다. 외국 대학에서는 보통 '질문 있습니까'라는 말에 짧게는 10분 길게는 20~30분씩 질의응답 시간이 이루어지고 심지어 강의실 밖으로 나가는 교수를 붙잡고 물어보기도 한다. 하지만 한국은 다르다. 앞서 말한 G20 회의처럼 한국 사람들은 질문을 잘 하지 않는다. 그렇다면 왜 우리는 질문하지 않을까? 이유를 알기 위해 한 신문 매체에서 서울의 한 대학의 학생들을 대상으로 설문을 했다. 대답한 205명 중 수업시간에 질문한 적이 있는 학생은 65명, 31.7%였고 그렇지 않은 이유는 '용기가 나지 않아서'라고 대답했다. 용기가 나지 않는 것은 혹시 내 질문에 '다른 사람이 나를 뭐라고 하지는 않을까?' '이 질문이 적절한 것일까?' 염려하는 마음에서 나오는 것이다. 주변 시선이 의식된다는 말과 일맥상통한다.

사람은 더불어 살아가기 때문에 누구나 타인에게 잘 보이려고 한다. 그렇지만 남의 시선을 의식하는 행동은 세계 어느 나라 사람들보다 한국 사람들에게 유독 쉽게 찾아볼 수 있다. 이러한 것들은 디지털 시대인 요즘에도 마찬가지다. 요즘 많은 사람들은 SNS 속 게시물의 '좋아요' 수에 집착한다. 내가 올린 게시물 속 타인들의 반응에 일희일비하는 것이다. 또한 인맥을 과시하기 위해 '팔로워 수'에 집착하기도 한다. 팔로워 수를 거짓으로 높아지게 만들어 주는 유료업체들이 존재하는 것을 보면 이용하는 사람들이 많은 것을 알 수 있다. '좋아요'를 통해 평가받는 디지털 세상, 타인의 평가는 적당한 선에서 즐기는 것이 바람직하다. 그리고 자신의 가치와 기준을 지키면서 내실을 키워 보자. 분명 지금보다 나라는 사람의 본질에 집중이 되고 나를 제대로 찾아갈 수 있을 것이다.

나에게 질문하는 10가지

주변을 의식하는 행동은 나 스스로의 선택에도 이어진다. 내가 어떠한 선택을 할 때 이것을 정말 원하는지 내가 이루고자 하는 게 무엇인지 질문한 적이 있는가? 우리는 나 자신에게도 스스로 묻지 않는다. 하루에 한 번이라도 좋다. 나 자신에게 진지하게 질문해야 한다. 아주 작고 사소한 질문도 괜찮다. 질문은 또 다른 다양한 질문을 만들어 내고 질문에 대답하다 보면 어느새 스스로 하나씩 답을 찾아내게 된다. 그러다 보면 본인에 대해 꽤 많은 것을 알게 될 것이다. 나를 제대로 찾아가기 위해서는 나 자신에게 애정을 갖고 내 마음을 들여다보면서 스스로에게 질문을 던지는 것에서 시작해야 한다.

그렇다면 무슨 질문을 해야 할까? 막상 질문을 하려고 보면 어색할 것이다. 나를 제대로 알아 가기 위해서는 내가 어떤 사람인지 찾아가는 과정이 필요하다. 몇 가지 질문을 통해 나와 대화하는 시간을 가져 보자!

1. 오늘 하루 가장 기억에 남았던 것은 무엇인가?
2. 내일은 어떤 하루를 보내고 싶은가?
3. 최근 일주일간 가장 많이 들었던 생각은 무엇인가?
4. 최근 한 달 동안 가장 많이 만났던 사람은 누구인가?
5. 평소에 가장 좋아하는 것은 무엇인가?
6. 나는 앞으로 사람들에게 어떤 사람으로 기억되고 싶은가?
7. 나는 평소 어떤 일을 할 때 즐거운가?
8. 내가 남들보다 잘한다고 생각하는 것은 무엇인가?
9. 앞으로 일 년 뒤 나의 모습은 어떠할 것 같은가?
10. 내 평생의 삶에 있어 꼭 이루고 싶은 목표는 무엇인가?

질문에 대답해 보았는가? 아마 바로 대답이 나오지 않는 질문도 있을 것이다. 하지만 우리에게는 이렇게 스스로에게 질문하고 답하는 시간이 반드시 필요하다. 나 자신에게 질문하고 대답하면서 내 마음의 소리에 귀 기울여 보자. 나와의 대화가 길어지면 길어질수록 진정한 '나'를 마주하게 될 것이다[8].

03
나로 온전히 살아가기

온전한 삶을 살기로 시작했다면
이제 시작해야 할 것들

나로 온전히 살아간다는 것은?

"당신은 지금 온전한 삶을 살고 있나요?"

누군가가 나에게 "당신은 지금 온전한 삶을 살고 있나요?"라고 물어본다면 어떻게 대답할 것인가? "대체 '온전한 삶'이 뭔데?"라는 생각이 드는 독자도 있을 것이다. 과연 온전한 삶이란 무엇일까? 우리에게는 온전한 삶을 살아가기 위한 가이드가 필요하다. '온전하다'라는 말의 사전적 정의는 '본바탕 그대로 고스란하다'라는 뜻이다. 온전한 삶은 '온전하다'라는 말 그대로 나 자신의 기준을 세우고 내가 나의 삶을 이끌어 가면서 살아가는 것을 의미한다. 앞서 진정한 나를 찾으려면 내 안의 나를 살펴야 한다고 언급했다. 나를 살피면서 본연의 내 모습을 고스란히 지킬 수 있는 방법을 찾으려면 우선 나의 삶에 집중해야 한다.

"나의 삶에 어떻게 집중할 수 있을 것인가."

'집중'이라는 단어를 들으면 머릿속에 여러 가지 이미지가 떠오른다. 학생이 책상 앞에 앉아서 학업에 몰두하거나 직장인이 회사에서 업무에 몰입하는 것이 연상된다. 혹은 운동선수가 자기만의 운동에 빠져 있는 것들이 상상되기도 한다. 사실 '집중'의 본질적인 의미는 '잘라내는 것'이다. 집중이라는 한자를 봤을 때, 집(集)은 '모으다'라는 의미를 갖고 있고 중(中)은 '가운데'라는 의미이다. 이곳저곳에 분산되어 있는 나의 생각들을 가운데로 모으고 그 외의 외부적인 것들은 잘라내는 것이다. 따라서 나의 삶에 집중하기 위해서는 온전한 나의 것만 남겨야 한다. 필요 없는 것을 잘라내어 버리고 다른 것에 대해 생각을 하지 않는 것, 이것이 바로 나의 삶에 '집중'하는 방법이다.

온전한 삶을 단단하게 굳히기 위한 3단계

1단계 Simple (단순하게 정리하라)

TV 예능 프로그램 중에 연예인들의 삶이 곳곳에 담긴 집을 정리하고 청소하는 프로그램이 있었다. 정리수납 전문가가 나와서 출연자의 삶의 이야기부터 라이프 스타일을 반영해 맞춤형 컨설팅을 진행해 주었다. 이를 통해서 완벽하게 환골탈태한 집을 보여 주는 프로그램이다. 출연했던 한 게스트는 변화된 자기만의 공간을 보고 감동의 눈물까지 흘리기도 했다. 이 프로그램은 단순히 집을 정리하는 것이 아니었다. 청소와 함께 그 사람의 복잡했던 삶까지 정돈해 주는 청소 이상의 의미가 담겨 있는 프로그램이었다.

이렇듯 단단한 내 삶을 위해서 가장 먼저 해야 하는 것은 '정리'다. 분주하고 복잡한 일상 속에서는 나조차도 나의 삶이 말끔히 보이지 않는다. 내가 자주 머무는 공간을 정돈하고 깔끔하게 하는 것부터 시작해 보자. 공간 정돈이 끝났다면 나아가서 불필요한 인간관계와 에너지를 분산시키는 일들을 가지치기해 보자. 우리는 생각보다 굉장히 많은 사람들과 상황에 영향을 받고 흔들린다. 온전히 나로 살아가기 위해서는 나를 먼저 들여다볼 수 있게 간단한 정리가 우선적으로 필요하다.

2단계 Hear (내 마음의 소리를 들어라)

'내가 원하는 것을 나도 모를 때'

오랜 시간 베스트셀러로 사람들의 마음을 이끈 책이 있다. 「내가 원하는 것을 나도 모를 때」라는 책이다. 6개월 만에 15만 부가 팔릴 정도로 많은 사람의 사랑을 받았던 책이었는데 세상에 지치고 나를 잃어버린 사람들한테 주는 따뜻한 위로의 글들로 구성되어 있다. 책의 제목처럼 우리는 나로 온전히 살아가기 위해 내가 진짜로 원하고 바라는 것이 무엇인지 모르고 있는 경우들이 많다. 이제라도 내가 원하는 것을 찾길 바란다면 내 마음의 소리에 귀 기울여야 한다. 취업포털 잡코리아와 알바몬이 대학생 2,146명을 대상으로 진로에 대한 설문조사를 실시했다. 전체 응답자 중 46.9%가 어떤 것을 원하는지 진로를 결정하지 못하고 고민 중인 것으로 나타났다. 또한 10명 중 8명 이상은 내가 정말 원하는 것이 무엇인지에 대한 고민으로 스트레스를 받고 있다고 대답했다[9].

내 마음의 소리를 듣는 방법 두 가지를 들어 보자면 첫 번째 나만의 관심 노트를 만드는 것이다. 평소 인터넷을 찾아보거나 글을 읽다가 마음에 와닿는 글귀들이 있을 것이다. 이러한 문장을 모아서 나만의 관심 노트에 적어 두는 것이다. 또한 내가 자주 듣는 노래의 가사들도 좋다. 내 시선이 이끌리고 마음의 울림을 주는 모든 것은 다 좋다. 지금 나의 상황에 맞게 나를 변화시켜 주고 원하는 방향성으로 이끌어 주는 마음의 소리일 가능성이 높다. 두 번째 나만의 생각 정리 시간을 만드는 것이다. 오늘 하루 들었던 나의 생각들 중 몇 가지를 적어 놓고 왜 그때 그러한 생각이 들었는지 정리하면서 나만의 시간을 만드는 것이다. 하루의 일과를 마치고 잠자리에 들기 전에 하루를 복기하는 것도 좋다. 이 두 가지를 통해서 조금 더 나의 마음에 귀 기울일 수 있을 것이다.

3단계 Interest (나를 이끄는 흥미에서 시작하라)

"인생은 수많은 선택의 집합이다."
- 알베르 카뮈

우리는 삶을 살아가면서 수많은 선택을 한다. 누구를 만날지 무엇을 먹을지 어떤 일을 할지 매 순간 선택의 순간에 놓이게 된다. 또한 그 선택의 결과물이 지금 당신의 모습이다. 선택과 판단 과정에서 내가 진짜 원하는 것이 무엇인지 알게 되고 또한 나를 되돌아볼 수 있다. 그렇다면 온전한 나로 살아가기 위해서는 어떠한 선택을 해야 할까?

모든 것은 나의 시선에서 시작된다. 나의 마음속 깊은 곳에서 나오는 소리를 듣고 진정으로 원하는 것을 알기 위해서는 내 시선이 이끄는 곳을 따라가면 된다. 자꾸만 내 시선이 향하고 머무는 곳 그것이 나를 이끄는 흥미의 첫 시작이다. 온전히 나를 찾아가는 사람들을 보면 자신이 흥미를 느끼는 다양한 것들을 접하고 배우는 것을 볼 수 있다. 이러한 첫 시작을 통해서 자기 자신이 무엇을 흥미로워하는지 발견할 수 있다. 한 다큐멘터리에서 취미가 직업이 된 '하비프러너'를 소개한 적이 있다. 하비프러너(Hobby-preneur)는 자기가 좋아하는 취미를 전문적인 일로 기획해 발전시켜 나가는 사람들을 이르는 말이다. 한 30대 여성은 자신의 취미였던 웨이크보드를 이용해 웨이크보드 의상을 만들어서 팔았다. 강아지에게 수제간식을 만들어 주는 게 취미였던 대학생은 애견 수제 간식 카페를 만들었다. 2~30대들의 워너비로 수많은 구독자를 가지고 있는 패션 컨설턴트 할머니 밀라논나까지, 이들의 공통점은 자신의 흥미를 잃지 않고 발전시켜 나만의 길을 걸어가고 있다는 것이다. 이들처럼 천천히 나의 시선을 쫓아가다 보면 내가 원하는 나만의 것을 시작할 수 있을 것이다.[10]

지금의 나, 성장의 중심을 잡아라

회사원 A씨(28)는 요즘 '리추얼'(ritual)에 부쩍 관심이 많아졌다. '리추얼'이란 삶에 활력을 불어넣어 주는 소소한 습관들을 말한다. 평균 기상 시간보다 2시간 일찍 일어나서 조깅이나 헬스를 하거나 독서를 하며 아침 식사를 하는 습관을 들였다. 최근에는 지인들과 함께 습관 모임을 만들어 단체 채팅방에 인증샷을 남긴다. 저녁에는 퇴근 후 필라테스를 하고 하루를 정리하며 주기적으로 글을 쓰면서 자신을 성장시키는 것들을 기록으로 남긴다.

이러한 것을 방증하듯 최근에는 관련된 플랫폼이 늘어나고 있다. 자아성장 큐레이션 플랫폼인 '밑미'(Meet me)나 자기 계발을 지속할 수 있도록 돕는 '챌린저스' 같은 플랫폼들은 자신의 리추얼을 글이나 사진으로 기록하고 공유하는 서비스이다. 이렇다 할 광고도 없이 누적 가입자가 48만 명에 이를 정도로 성장하고 있고 누적 거래액이 714억을 넘어서며 많은 성과를 내고 있다.

이처럼 인생의 성공보다 성장을 추구하는 새로운 자기계발형 인간인 '업글인간'에 대한 관심이 높아지고 있다. '업글인간'이란 김난도 서울대 소비자학과 교수가 2020년 트렌드 키워드 중 하나로 선정한 10대 키워드

중의 하나이다. 단순히 스펙뿐만 아니라 삶 전체의 질적 변화를 추구하고 어제보다 나은 나를 만들어 가는 것을 말한다. 실제로 잡코리아가 조사한 결과, 성인남녀 10명 중 6명 이상은 스스로가 '업글인간'이라고 생각하고 있다고 한다. 이미 꽤 많은 성인이 성장과 발전에 몰입하고 있다. 그렇다면 어떻게 성장 속에서 온전한 나를 찾아갈 수 있을까?

누구나 지금보다 성장하고 발전하고 싶어 한다. 그래서일까? 서점에 가면 각 분야의 성장과 성취에 대한 내용들의 책들로 가득 차 있다. '남들이 한대'라는 말에 내가 안 하면 도태될까 걱정되는 마음에 따라 하는 것이 아닌 지금의 나의 모습에서 성장의 방향을 잡아야 한다. 배에서 방향키의 방향이 제대로 설정되어야 올바른 목적지를 향해 나아가듯, 방향 없이 사는 것은 내비게이션 없이 모르는 길을 운전하는 것과 같다. 「다섯 가지 기본의 힘」의 저자 이필준은 성장에는 4가지 방향이 있다고 말한다.[11]

성장의 4가지 방향에는 성장의 높이와, 깊이, 폭, 테두리가 있다. 먼저 성장의 높이는 지금 하고 있는 업무나 취미에서의 성장을 말하고 성장의 깊이는 내가 살아가는 삶에 대한 자세와 내적인 성장을 말한다. 성장의 폭은 다양한 사회 활동 속에서 세상의 흐름을 알기 위해 관심의 넓이를 키워 가는 것을 뜻하고 성장의 테두리는 성장을 거듭할수록 테두리가 두꺼워지고 강해지면서 자신감과 성취감을 채워 주는 것을 말한다. 이것에 더불어 가장 중요한 것 한 가지를 더하고 싶다. 그것은 '중심'이다. 성장의 무게인 중심을 잡고 나의 가치관과 생각을 기준으로 나아간다면 나만의 방향과 목적이 제대로 잡힌 나로 온전히 살아갈 수 있을 것이다.

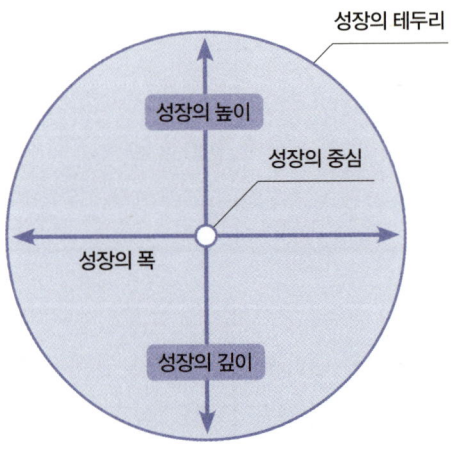

04
결국 이 시대에서
나를 지키는 것은 나다움이다

나다움을 찾아야
그다음이 생길 수 있는 미래가 생긴다.

나다움이 무엇인가요?

"FACE ID를 인식할 수 없습니다. 다시 얼굴을 인식하십시오."

벌써 5번째 얼굴인식 오류다. 마스크를 쓰는 것이 일상화된 요즘, 마스크를 벗을 수 없는 밖에서 스마트폰 잠금을 풀 때 나오는 스마트폰의 요구다. 그뿐만 아니라 오랜 시간 휴면상태였던 SNS 계정을 열어 보려고 하니 끊임없이 나라는 사람을 증명하라는 메시지가 뜬다. 흐려진 기억을 더듬어 몇 차례의 비밀번호를 넣어 보지만 좀처럼 나라는 사람의 증명이 복잡하다.

어디 이뿐만일까? 각종 인터넷뱅킹, 회사 사내 시스템 같은 다양한 서비스를 제공받기 위해서는 각종 인증 절차를 통해 나를 증명해야 한다. 대소문자 알파벳 특수문자까지 조합해 만든 '나'를 증명하는 비밀번호가 나를 제대로 확인하는 방법이 맞는 것일까? 정말 나라는 사람은 어떻게 증명할 수 있는 걸까?

많은 사람은 소위 'ㅇㅇ답다'라는 말을 자주 한다. 또한 그 말속에 그 사람의 정체성을 담는다. '애플답다, 구글답다, 이케아답다, 너답다' 이 말에 숨겨진 의미는 그 기업과 사람이 주는 다양한 이미지들을 통해 그들이 앞으로 무엇을 할 것인지가 떠오르는 것을 말한다. 이렇게 자기만의 분야에서 좋은 성과와 결과를 내는 사람들은 그 사람만의 기준과 스타일이 있다. 이 말은 자기만의 나다움이 존재한다는 것이다. 결론적으로 나를 증명한다는 것은 바로 나라는 사람의 'ㅇㅇ다움'을 가졌다는 의미다.

나만의 ○○다움을 찾아서

"사람은 누구든지 자신의 삶을 자기 방식대로 살아가는 것이 바람직하다. 그 방식이 최선이어서가 아니라, 자기 방식대로 사는 길이기 때문에 바람직한 것이다."
- 존 스튜어드 밀

나다움은 정체성(Identity)을 말한다. 사전적 의미로는 '변하지 아니하는 존재의 본질을 깨닫는 성질, 그 성질을 가진 독립적 존재'다. 쉽게 풀어서 있는 그대로의 나를 바라보는 것이다. 나다움을 갖길 원한다면 남들과 비교하지 않고 온전히 나라는 사람에 집중해야 한다. 그리고 나를 계속해서 비우고 채우다 보면 나만이 할 수 있는 무언가를 스스로 찾아갈 수 있게 된다. 또한 그 속에서 나만의 중심이 잡힌다. 그러다 보면 내가 앞으로 어떤 이야기들을 하고 어떤 기준과 가치관으로 인생을 살아갈지에 대한 구체적인 그림들이 그려지게 된다. 또한 내가 좋아하는 것과 그렇지 않은 것들이 구분되고 내가 해야 할 것과 그렇지 않아야 하는 기준이 생길 때 비록 'ㅇㅇ답게' 살아갈 수 있는 것이다.

그렇다면 나다움은 왜 필요한 것일까? 나다움을 갖고 살아가는 사람은 뭐가 다른 것일까? 긍정심리학 연구자인 에밀리 에스파히니 스미스는 "행복을 좇는 사람은 도리어 불행해진다. 그리고 행복을 추구하기보다는 의미를 추구하는 삶이 나다운 삶이다."라고 했다. 즉, 나다움은 남들이 원하는 삶을 따라 하는 것이 아닌 나만의 개성과 의미를 기준으로 사는 삶을 말하는 것이다. 그렇다면 자기만의 방식대로 의미를 찾아 살아가는 것은 무엇일까? 사람들은 자신이 원하는 방법과 방식으로 살아가는 것 같지만 그렇지 않은 경우가 많다. 주어진 환경과 상황들이나 누군가의 기대와 염려 때문이다. 내 삶의 중요한 선택을 할 때 타인이 대신 선택해 주거나 강요받기도 한다. 그 단적인 예로 이런 결과를 만드는 것은 부모이다. 청년기에는 시행착오를 경험해야 하는데 요즘의 부모들을 자녀가 경험해야 하는 시행착오를 원천 차단하기 위해 다양한 선택을 대신한다. 대학교 수강 신청부터 병원 예약까지 대신해 주는 부모들이 있다는 사례를 통해서 알 수 있다.

또한 다양한 나의 역할 때문이다. 인생을 살아가다 보면 누군가의 배우자, 부모, 사회적 직책 등 다양한 역할이 주어지게 된다. 그 역할을 충실히 잘하려다 보니 해야 할 일들이 늘어나고 그 속 안에서 나다운 모습을 잃어 가기도 한다. 또는 유행만을 따라 하며 나를 잃어 가기도 한다. 타인의 자기다움이 부러워서 단순히 카피하기도 하고 남의 것을 나의 것이라 착각하기도 한다. 뒤늦게 타인에 의해 선택한 것을 후회하고 되돌리기에는 많은 시간을 낭비할 수 있다. 나다움을 찾는다는 것의 기준은 온전히 나에게 있다. 나에게 집중하고 내 안에서 해답을 발견해 나만의 인생의 날개를 펴는 것과 같다. 나다움을 찾게 된다면 흔들리지 않고 내가 나로 살아갈 수 있다.

'나다움'을 찾아야 '그다음'이 생긴다

세상은 어제와 확연히 다르고 하루아침에도 수많은 기술과 제품들이 나오는 격변의 시대에 살고 있다. 이러한 변화 속에서도 자기만의 나다움을 무기로 탁월한 성과를 올리는 사람들이 있다. 트렌디한 식음사업을 이끌어가는 브랜드 전문가 노희영 씨는 200개의 브랜드를 런칭하고 2,500개의 매장을 오픈했다. 또한 2조의 매출 신화를 창조한 사람이다. 브랜드 전문가인 노 씨는 어떠한 브랜드를 만들어 낼 때 새로운 창조보다 '한끗의 차이'를 만든다고 했다. 우리는 나다움을 만들어 나갈 때 남들과 다른 대단한 것을 찾으려고 할 때가 있다. 많은 이들이 무엇을 하면 차별화된 나를 찾을 수 있을까 하는 생각을 하지만 그 어떤 대단한 것을 찾기보다는 아주 사소한 나만의 것을 찾았을 때 그 '한 끗의 차이'로 나다움이 생기는 것이다.

'시현하다'의 김시현 대표는 자신만의 개성이 여과없이 드러나는 증명사진으로 SNS 화제가 되고 있는 사진관을 운영한다. 매달 말에 진행하는 사진 촬영예약은 30초 만에 마감될 정도로 많은 사람에게 사랑받고 있다. 그냥 보통의 사진학과 대학생이었던 그녀가 뻔한 증명사진이 아닌 사람들만의 개성과 색을 드러낼 수 있는 사진으로 성공할 수 있었던 이유도 나다움을 지켜 냈기 때문이다. '증명사진은 꼭 단정해야 해'라는 기존의 생각을 벗어나 나답게 나를 표현하고자 하는 시도로 자기만의 길을 걸어가고 있다.

또한 유튜브 뉴미디어 시대인 요즘은 다양한 콘텐츠를 통해 누구나 자기만의 이야기와 색으로 나다움을 마음껏 펼쳐 낼 수 있다. 많은 이들에게 나라는 사람의 모습을 보여 줄 수 있고 그것이 잘 발현되었을 때 높은 조회수와 그에 따른 수익도 얻게 된다. 이처럼 나다움을 찾아서 자신만의 일을 하는 사람들은 자연스럽게 자기만의 분야에서 주목을 받게 된다. 또한 다음 스텝으로 이어지는 결과로 얻을 수 있다.

이 챕터에서 우리는 리부팅이 필요한 사회를 인지하고 온전한 나를 돌아보는 것에 대한 이야기를 나눴다. 자신이 걸어온 삶의 모습들을 한 걸음 물러서서 바라보자. 또한 나의 삶을 재정비해 다시 시작할 힘을 기른다면 제대로 된 방향으로 갈 수 있게 될 것이다.

"속도보다 중요한 것은 방향성이다."

이 말처럼 결국 이 시대에서는 빠르게 무언가를 이루는 것보다 오래 끝까지 갈 수 있는 나라는 사람을 찾는 게 우선이다. 아직 나다운 것, 온전한 나를 찾지 못했다면 지금부터라도 나다움을 찾아보자. 나다움 속에서 분명 나의 온전한 삶, 내가 기준이 되는 삶, 누구에게도 흔들리지 않고 중심을 지켜내는 삶을 살 수 있을 것이다.

에필로그

에필로그

1961년 2월 24일, 타임(TIME)지는 'Business: THE AUTOMATION JOBLESS'라는 기사를 통해 자동화가 가져올 대량 실업에 대해 경고했다. 과학기술이 발전함에 따라 사람이 하던 일이 점차 자동화되기 시작했고, 따라서 일의 속도가 빨라졌을 뿐 아니라 그 결과도 매우 정확해졌기 때문이다. 이후 시간이 흘러 4차 산업혁명이 도래하고 우리의 생활은 더 빠르게 달라졌다. 이미 많은 분야에서 사람이 하던 일을 로봇이 대신하고 있고, 사람은 손가락 몇 번만 까딱하면 원하는 일을 처리해 낼 수 있게 되었으며, 사람과 분간할 수 없는 AI가 광고모델이 되고 유튜버가 되었다.

게다가 2019년에 첫 발병이 보고된 위협적인 바이러스가 전 세계적인 범유행을 가져왔다. 사람과 사람 간에 거리두기를 해야 했고, 너무도 당연하던 가족 모임이나 친구들과의 식사 자리 등도 줄어들었다. 저녁 6시 이후로는 3명 이상이 함께 식당이나 카페에 머무를 수 없었던 적도 있고, 한때는 결혼식에서조차 50인 이상의 인원에 대한 집합 금지 명령이 내려져 양가 직계가족만 모시고 조촐하게 식을 올려야 했던 때도 있다.

이렇게 과학기술의 발전과 바이러스의 습격, 두 가지의 태풍은 우리 삶에 여러모로 큰 영향을 미쳤다. 마치 급속도로 발전하던 기술의 질주에 바이러스가 연료를 들이부은 것처럼 말이다. 지구 반대편에서 개최되는 세계적인 공연을 방 안에 앉아 실시간으로 감상할 수 있게 되었고, 학생들은 학교에 가는 대신 자택에서 온라인 수업에 참여할 수 있게 되었다. 직장인들은 회사에 출근하지 않고도 업무 처리는 물론 동료들과 얼굴을 마주 보며 회의할 수 있게 되었다. 과거에는 상상 속에만 머물던 일들이 하나둘 실현되었다.

서울, 경기, 부산은 물론 중국에까지 흩어져 사는 우리 연구회의 8명 저자 역시 물리적으로는 서로 만나기 힘든 거리에 떨어져 있었지만, 함께 고민하고 연구할 수 있었다. 화상회의 스페이스가 지난 반년간 수십 차례 회의를 가능하게 한 것이다. 덕분에 직접적으로 대면하지 않아도 서로 아이디어를 나누고 원고를 작성하고 끊임없이 피드백할 수 있었다. 코로나 19가 우리를 갈라놓았지만, 과학기술은 우리를 이어지게 해 주었다.

2021년 더운 여름에 머리를 맞대기 시작한 우리 연구회는 어느덧 세 계절을 보낸 후 2022년을 맞았고, 드디어 이 책이 세상에 나오게 되었다. 그 사이 수많은 놀라운 기술들이 탄생했고, 바이러스의 습격은 한바탕 휘몰아치다 조금씩 잦아들기를 반복했다. 그에 따라 국제 정세와 정부의 정책도 여러모로 변화했다. 과연 독자들이 이 책장을 넘길 때쯤에는 또 어떤 변화가 도래해 있을지 문득 궁금해진다.

끊임없이 불어오는 크고 작은 변화의 바람에 긴장할 필요는 전혀 없다. 지금까지 그래 온 것처럼 우리는 이 변화의 바람이 어디서부터 불어와 어디로 가는지 살펴본 후 자연스레 바람에 몸을 맡기면 된다. 그리고 변화로 인해 달라진 세상에 알맞은 소통법으로 타인과 서로 공감하며 관계를 견고하게 만들어 나가면 된다. 디지털로 가득 찬 세상에서 정보를 제대로 얻고 해석하고 그 정보를 바탕으로 스스로 사색할 수 있으면 된다. 날 선 사회 속에서 서로를 향한 뾰족한 감정을 잠시 내려두고 자기 내면의 감정을 살피며 다스리면 된다. 그렇게 타인 속 '나'라는 사람에게 귀를 기울이면 바람에 휩쓸리지 않고 온전한 나를 지켜 낼 수 있다.

흔들리고 있는 스스로에 대해 잠시 점검이 필요한가. 그렇다면 PC를 리부팅하듯「디지털 라이프 리부팅」을 통해 온전한 나다움을 되찾고 당신의 라이프를 리부팅할 수 있길 바란다.

참고문헌

1Chapter

1) 류호(2021.06.21). 코로나 끝나도 회식 자제했으면… 2030세대 45%, 4050세대 32%. 한국일보.
2) 한국정보화진흥원(2019, 2020). 디지털 정보격차 실태조사 보고서.
3) 김상은(2021.09.09.). "항우울제 약물 효능·내약성 고려해 우울증 적극 관리해야". 약업신문.
4) 김대우(2021.07.26). "나도 코로나 우울증?"…MZ세대, 4명 중 1명 '심각'. 헤럴드경제.
5) 도수화(2021.07.03). '언택트(Untact)'시대…인터넷 이용시간 증가, 외출 및 모임은 감소. 산업일보.
6) 과학기술정보통신부(2020). 데이터산업 현황 조사.
7) 국가인권위원회(2021). 온라인 혐오표현 인식 조사.
8) 김경찬(2019.11.28). 'Z세대' 평균 4.92개 SNS채널 사용…유튜브에 가장 오랜 시간 머물러. 한국금융신문
9) 정락인(2020.06.17). 더 센 놈 '고대 바이러스'가 온다. 시사저널.

2Chapter

1) 최선영(2021.01.22). 마스크·비대면·거리두기…코로나 1년, 완전히 바뀐 일상. 공공누리 제1유형 대한민국 정책브리핑.
2) 신효령(20201.10.07). 삼성생명, 비대면 화상상담 서비스 오픈. 뉴시스.
3) 박규정(2021.08.02). 직장인 41% "코로나19 이후 사내소통 더 어려워져". 뉴시스.
4) TURKLE, Sherry(2016). Reclaiming Conversation. Penguin Books.
5) 박설민(2021.05.12). 코로나19 종식 이후에도 '언택트 사회' 지속될까. 시사위크.
6) 김기혁(2021.07.26). 전세계 근로자 30% "코로나 이후 재택근무 없으면 이직 고려". 서울경제.
7) 최준선(2021.09.25). "카톡 하루 멈추면 우리나라 돌아가냐?" 문어발 논란에도 더 쓴다. 헤럴드경제.
8) 박효정, 주충일(2020). 언컨플릭. 서울: 북인사이트.

9) 정철환, 오명언(2021.07.30). 직장인 71% "이모지 사용하는 동료에 더 호감"… 왜그럴까. 조선일보.

10) 박수호(2021.06.30). 코로나19 종식돼도 마스크는 일상화. 매경이코노미.

11) 한치원(2020.08.27). 마스크 때문에 대화 줄었다... 학부모 85% "우리아이 소통능력 저하 걱정된다". 에듀인뉴스.

12) 김철중(2020.10.08). 어르신! 제 말 들.리.세.요? 코로나시대 고령자 대화법. 조선일보.

13) 전종보(2021.06.29). 마스크 때문에 알아듣기 힘든데… '투명 마스크'는 어떨까. 헬스조선.

14) 김주환(2011). 회복탄력성. 서울: 위즈덤하우스.

3Chapter

1) 고유선(2016.10.06). 중고생 10명 중 6명, 습관적으로 줄임말·신조어 사용. 연합뉴스.

2) 조혜령(2020.09.09). 소비자원 "65세 이상 소비자 10명 중 5명 키오스크 주문 포기". CBS노컷뉴스.

3) 김난도 외(2020). 트렌드 코리아 2021. 서울: 미래의창.

4) 김명일(2021.08.13). 생일날 '다 쓴 기프티콘' 중학생 "친구 없는 거 들키기 싫어서". 조선일보.

5) 김가영(2020.12.17). 사랑하는 사람을 행복하게 만드는 '공감의 효과'. 하이닥.

6) 김현주(2021.04.08). 식품업계에 부는 '모먼트 마케팅' 바람. 세계일보.

7) 스티븐 코비(2003). 성공하는 사람들의 7가지 습관(김경섭 역). 경기: 김영사.

8) 배문숙(2021.10.05). 8월 온라인 쇼핑 15.8조원, 16.8%↑...배달음식 2.4조원 '역대최대'. 헤럴드경제.

9) 김종민(2017.09.10). '소비자 후기', 제품 구매에 결정적…10명 중 7명 "광고보다 더 신뢰". NEWSIS.

10) 장가람(2021.11.30). 리뷰 패러다임 변화…"테러 막고 사업자 권리 보호". 아이뉴스24.

11) 엘리자베스 A. 시걸(2019). 사회적 공감(안종희 역). 서울: 생각이음.

4Chapter

1) 나우앤서베이(2019). 성공에 가장 큰 걸림돌이 되는 것 설문조사 결과.

2) 김유정(2007). 디지털 촌수. 변화하는 인간관계. 서울: 삼성경제연구소.

3) 장훈(2012). 인터넷 기반 커뮤니케이션과 인간관계. 한국심리학회지: 문화 및 사회문제.

4) 최재붕(2019). 포노사피엔스. 서울: ㈜쌤앤파커스.

5) 김병선(2012). 소셜미디어의 계보와 소통의 현상학. 사회과학연구. 충남대학교.

6) 오창호(2014). 소셜 미디어와 유목적 삶. 언론과학연구.

7) 박진영(2020.05.16). 관계의 어려움. 동아사이언스.

8) 조영은(2021.05.24). 행복하고 건강한 가족 관계를 위한 방법. 브레이크뉴스.

9) 김난도 외(2020). 트렌드 코리아 2021. 서울: 미래의창.

5Chapter

1) 김종윤(2017.06.30). 디지털 리터러시의 인지적 영역 평가도구 개발을 위한 기초연구. 청람어문교육.

2) 임주희, 김은경, 김문희(2020.05.31). 디지털 리터러시가 노년기 삶의 질에 미치는 영향. 평생학습사회.

3) 황태호(2019.10.10). 나 사장인데 사칭 메일에 작년 15조원 털렸다. 동아일보.

4) 김여라(2019.12.20). 디지털 시대의 미디어 리터러시 해외 사례 및 시사점. NARS.

5) 구본권(2021). 디지털 개념어 사전. 경기: 한겨레출판.

6) 김미경(2021.02.21). 추천 알고리즘의 원리. CNN.

7) 조연하(2019). 방송보도의 객관성 심의 결정 논리 연구. 미디어와 인격권.

8) 김유빈(2018.05.31). 빅데이터와 빅브라더 개인정보의 보호와 침해 사이에서. 카이스트신문.

9) 안정임, 최진호(2020.06.30). 디지털 시민성 역량이 공동체 의식에 미치는 영향. 정치커뮤니케이션.

10) 문광수, 김슬, 오세진(2013.12). 베스트 댓글의 방향성이 일반댓글의 동조효과에 미치는 영향. 한국콘텐츠학회.

6Chapter

1) 신현준(2021.07.18). 정보강국? 한국 학생 디지털 정보 파악 능력 OECD 바닥권... 0.3% 정보교육 늘려야. YTN.

2) 유정석(2013.09.30). '루머', '우리는 왜 극단에 끌리는가' 리뷰. KISO저널 제12호.

3) 조항민, 김찬원(2016). 과학기술, 첨단의 10대 리스크. 서울: 커뮤니케이션북스.

4) EBS1 6부작 시사·교양 프로그램 〈당신의 문해력〉 1부.

5) Jared Milfred(2013.05.11). Is Google Ruining Your Memory? The Science of Memory in the Digital Age. Yale Scientific.

6) 박혜림(2021.07.09). "휴대폰 하루 17분씩 사용, 암에 잘 걸린다" 충격 보고 진짜일까?. 헤럴드경제.

7) 이지성(2019). 에이트. 서울: 차이정원.

8) 권오성(2015.01.26). 실리콘밸리에 컴퓨터 없는 학교가 있다! 왜?. 한겨레.

9) 황지영(2020.08). 잠시 스마트폰 꺼두고 산책해 보세요. DBR.

10) 김경일(2019). 지혜의 심리학. 서울: 진성북스.

11) 전승화(2020.07.06). 구글푸(Google-fu), 검색과 활용 능력이 미래 역량이다. 한국일보.

12) 칼 뉴포트(2019). 디지털 미니멀리즘(김태훈 역). 서울: 세종서적.

13) 이지성(2015). 생각하는 인문학. 경기: 문학동네.

14) EBS 집중기획(2013). 검색보다 사색입니다. 제18회. 종이책 읽기의 힘.

15) EBS 집중기획(2013). 검색보다 사색입니다. 제14회. 사색: 자연에서 길을 찾다.

16) Nancy K. Napier(2014.11.21). Pockets of Reflection in a Busy World. Psychology Today.

7Chapter

1) 송윤경, 김원진(2021.07.17). "딸기주스서 침 뱉은 맛 난다, 별1개"…별점노동의 시대. 경향신문.

2) 김수연(2020.10). 코로나 블루, 코로나 앵그리- 여러분의 마음은 괜찮으신가요?. 여성우리.

3) 이지운(2021.07.26). '코로나 우울증'도 심각… "성인 8명 중 1명 극단선택 고민". 동아일보.

4) 임지훈(2021.08.19). [동십자각] '코로나 키즈'의 비애. 서울경제.

5) 박인조, 민경환(2005). 한국어 감정단어의 목록 작성과 차원 탐색. 한국심리학회지.

6) Matt Johnson(2019.01.30). How to use Journaling as a Coping Tool. NAMI.

7) 권대익(2021.08.09). [헬스 프리즘] 2분만 걸어도 운동효과…TV 볼 때도 걷자. 한국일보.

8) 반기웅(2021.09.02). 10명 중 9명 "혐오차별로 사회적 갈등 심화… 정치인 혐오 표현 자제해야". 경향신문.

9) 정종훈 외(2021.08.02). 왜 혐오표현 썼나, 어떤 피해 겪었나..혐오 후 그들의 고백. 중앙일보.

10) 박상미(2021.06.02). [박상미의 고민사전] 3초를 조심하세요!. 스포츠경향.

11) 로버트윌딩어(2016). What makes a good life?. TED.

12) 정규숙, 엄용주(2021.08.04). 언론에 보도된 '코로나 전사' 간호사들. 간호사신문.

8Chapter

1) 이인복(2020.05.04). 심리방역, 용어는 어렵지만 별거 아닙니다. 매디컬타임즈.

2) 이근, 김상배 외 6명(2019). 디지털 사회. 서울: 21세기북스.

3) 구본권(2020.02.10). 디지털 시대의 교육 최고 과제 "주의력 잃지 않는 힘". 한겨례.

4) 김윤진(2021.10.07). 스마트폰 과의존 위험군 2배 증가. 파이낸셜 경제.

5) 배영옥(2017.05.27). 끝이 없는 SNS 세상, 우울함을 부른다. 조선일보.

6) 칼 뉴포트(2019). 디지털 미니멀리즘(김태훈 역). 서울: 세종서적.

7) 김경일(2021.04.07). 당신은 스스로 '원하는 것'과 '좋아하는 것'을 구분할 수 있나요?. 어쩌다어른.

8) 이예은(2020.12). Shift me. 서울: 42미디어콘텐츠 출판사.

9) 김강한(2020.10.19). 대학생 절반 진로 결정 못 해. 조선일보.

10) 이재희(2020.12.29). 밀라논나가 40년 동안 같은 몸매를 유지하는 비법. 엘르 뷰티.

11) 이필준(2020). 다섯 가지 기본의 힘. 서울: 더메이커.

저자소개

유의정

Re:]ducation 대표이자 한림성심대학교 겸임교수. 경희대학교 경영대학원에서 석사를 마치고, 영진약품 마케팅팀에서 세일즈 전략을 기획하고 분석하여 컨설팅과 교육을 진행하였다. 현재는 세일즈, 커뮤니케이션, 관계관리, 조직활성화, 인문학 등의 분야로 다수의 기업과 공공기관 그리고 학교에서 활발하게 강의를 하고 있다. 접두사 Re:]를 주제로 Remind, Refresh, Relevant, Relax한 교육을 목표로 하고 있다. 저서로는 「초연결로 이어진 사람들, 현명한 소통으로 만드는 관계기술」이 있다.

이유나

기업교육 컨설팅 전문 〈와이엔컨설팅〉 대표. CJ푸드빌㈜과 ㈜신세계에서 12년간 인사·교육기획 업무를 맡았고, 고려대학교 경영전문대학원에서 인사조직 전공의 경영학 석사 학위를 취득했다. 현재 국내 유수의 기업과 공공기관에서 교육 컨설팅 및 온·오프라인 강의를 활발하게 하고 있으며, 주요 강의 분야는 비즈니스 커뮤니케이션, 문제해결, 기획 및 문서 작성, 리더십이다. 〈한국교육놀이문화연구소〉 교육기획 이사를 겸임하고 있으며, 저서로는 「바로 써먹는 21가지 교육프로그램 'Eduplay 실전대본'」이 있다.

조효선

소통 디자이너이자 관계관리 전문가로 기업과 공공기관에서 활발히 강의하고 있다. 서강대학교 교육대학원 교육공학-행정융합 석사를 마치고, '진심을 전하고, 의미를 더하자'라는 신념으로 교육을 하고 있다. 현재 이패스코리아 전문 교수 및 엑스퍼트컨설팅 전문 강사를 역임하고 있으며, 삼성에버랜드, 현대하이카손해사정, 현대 C&R에서 사내 강사 및 교육 기획을 담당했다. 주요 강의 분야는 심리를 기반으로 관계관리 및 조직 소통, CS, 셀프리더십 등이 있다.

김민정

신세계푸드 경쟁 입찰 프리젠터로 식음관련 경쟁입찰 프레젠테이션을 진행하고 있으며, 이전에는 전남CBS 아나운서, 팍스 TV 리포터 등으로 활동했다. 김포대학교에서 외래교수로 커뮤니케이션과 스토리텔링 관련 수업을 진행했고 스타트업의 투자유치를 위한 IR피칭 컨설턴트로 활동하고 있다. 이미지엠스피치 이미지컨설턴트로 10년간 활동하면서 국내 외 다수 기업과 기관에서 미디어트레이닝과 프레젠테이션 전략의 강의를 진행했다. 저서로는 「스토리로 채우고 스피치로 승부하라」가 있다.

권지현

전 교통캐스터, 현 청소년 교육 전문가. 대학 졸업 후 교통캐스터 및 오디오 크리에이터로 활동하다 우연한 계기로 학생들 멘토링을 접하게 됐다. 이후 청소년 교육에 매력을 느껴 강사로 완전히 전향했다. 지금은 전국을 무대로 초·중등학교나 기관 등에서 청소년 경제·금융교육, 진로교육, 중국어 교육을 진행하며 전문 강의 분야를 늘려가고 있다. '공부하고 연구하는 강사'를 지향하며 현재도 전문분야 및 관심분야에 대한 공부를 지속해 오고 있다. 진로와 미래에 대해 걱정하는 수많은 어린이·청소년들의 고민을 나누는 든든한 조언가이자 바른 지식을 전달하는 믿음직한 강사가 되고자 오늘도 노력하고 있다.

김혜인

신세계와 현대자동차에서 기업 교육 강사로 활동하였으며 현재는 감정관리 컨설턴트로 활동하고 있다. 다수의 기업과 공공기관에서 감정관리, 분노조절, 감정인문학 등의 콘텐츠로 감정노동자들과 직원들의 마음을 위로하고 생산적인 감정 관리를 돕고 있다. 많은 사람이 강의를 통해 인사이트를 얻고 현명한 감정처리로 일상생활이 윤택해지기를 바라며 강의하고 있다. 앞으로도 다양한 연령층의 사람들이 감정으로 힘들지 않도록 끊임없이 노력하며 연구하고자 한다.

유수란

인하대학교 교육대학원 평생교육 전공. 전문성과 연륜으로 무장한 '소통 전문가'로 2006년부터 현재까지 강의 현장에서 활발하게 활동하고 있다. 연평균 250회 이상의 강의를 진행하며 피교육자의 니즈와 원츠가 무엇이고 그에 맞는 해법이 무엇인지를 끊임없이 고민하고 연구하며 함께 성장해 나가고 있다. 주입과 전달보다는 공감과 동감을 이끌어 내고, 피교육자의 IQ(지능지수)보다는 PQ(행동지수)를 높이는 데 모든 역량을 집중하고 있다. 현재 국토교통부와 병무청을 비롯한 전국지자체 인재개발원에 출강하고 있으며 다수의 기관에서 우수 강사 표창을 받은 바 있다.

진문정

이청득심(以聽得心)은 귀 기울여 경청하는 일은 사람의 마음을 얻는 최고의 지혜라는 말이다. 그 말의 지혜로 약자와 함께 성장하기를 실천하고 있다. 한국장애인인식개선교육강사협회 부산지부장으로 장애인 취업 코칭 강의를 하고 있다. 청소년들의 꿈을 응원하는 진로 코칭에 앞장서는 진로교육지원센터의 팀장으로 재직, 작은 나눔을 실천하는 영선장학회 이사로 참여하고 있다. 현재는 더나눔컨설팅 대표로 교육기획, 코칭, 컨설팅으로 활동하고 있다.

디지털 라이프 리부팅

초판 1쇄 인쇄	2022년 02월 18일
초판 1쇄 발행	2022년 02월 25일
지은이	유의정 · 이유나 · 조효선 · 김민정 권지현 · 김혜인 · 유수란 · 진문정
편집	이다겸
디자인	박나경
마케팅	안용성, 이홍석
기획	민현기(인사이트랩)
펴낸이	하혜승
펴낸곳	㈜열린길
출판등록	제2020-000047호
주소	서울특별시 성북구 보문로 37길 15, 201호
전화	02-929-5221
팩스	02-3443-5233
이메일	gil-design@hanmail.net

ISBN 979-11-977140-1-6 03190

* Book Insight는 ㈜열린길의 출판 브랜드입니다.

* 책값은 뒤표지에 있습니다.

* 이 도서의 국제표준 도서번호(ISBN)는 국립중앙도서관 서지정보유통지원시스템
  홈페이지(http://seoji.go.kr)에서 이용할 수 있습니다.

* 이 책은 저작권법에 따라 보호받는 저작물이므로 무단전재와 무단복제를 금지하며,
  이 책 내용의 전부 또는 일부를 이용하려면 반드시 저작권자의 동의를 받아야 합니다.

* 북 인사이트는 교육전문가들의 콘텐츠 개발과 출간을 지원합니다. 좋은 원고가
  있으면 언제든 inlab2020@gmail.com으로 보내 주세요.